HÉBREU

VOCABULAIRE

POUR L'AUTOFORMATION

FRANÇAIS HÉBREU

Les mots les plus utiles
Pour enrichir votre vocabulaire et aiguiser
vos compétences linguistiques

3000 mots

Vocabulaire Français-Hébreu pour l'autoformation. 3000 mots
Dictionnaire thématique

Par Andrey Taranov

Les dictionnaires T&P Books ont pour but de vous aider à apprendre, à mémoriser et à réviser votre vocabulaire en langue étrangère. Ce dictionnaire thématique couvre tous les grands domaines du quotidien: l'économie, les sciences, la culture, etc ...

Acquérir du vocabulaire avec les dictionnaires thématiques T&P Books vous offre les avantages suivants:

- Les données d'origine sont regroupées de manière cohérente, ce qui vous permet une mémorisation lexicale optimale
- La présentation conjointe de mots ayant la même racine vous permet de mémoriser des groupes sémantiques entiers (plutôt que des mots isolés)
- Les sous-groupes sémantiques vous permettent d'associer les mots entre eux de manière logique, ce qui facilite votre consolidation du vocabulaire
- Votre maîtrise de la langue peut être évaluée en fonction du nombre de mots acquis

T&P Books Publishing
www.tpbooks.com

ISBN: 978-1-78716-415-4

Ce livre existe également en format électronique.
Pour plus d'informations, veuillez consulter notre site: www.tpbooks.com ou rendez-vous sur ceux des grandes librairies en ligne.

VOCABULAIRE HÉBREU POUR L'AUTOFORMATION
Dictionnaire thématique

Les dictionnaires T&P Books ont pour but de vous aider à apprendre, à mémoriser et à réviser votre vocabulaire en langue étrangère. Ce lexique présente, de façon thématique, plus de 3000 mots les plus fréquents de la langue.

- Ce livre comporte les mots les plus couramment utilisés
- Son usage est recommandé en complément de l'étude de toute autre méthode de langue
- Il répond à la fois aux besoins des débutants et à ceux des étudiants en langues étrangères de niveau avancé
- Il est idéal pour un usage quotidien, des séances de révision ponctuelles et des tests d'auto-évaluation
- Il vous permet de tester votre niveau de vocabulaire

Spécificités de ce dictionnaire thématique:

- Les mots sont présentés de manière sémantique, et non alphabétique
- Ils sont répartis en trois colonnes pour faciliter la révision et l'auto-évaluation
- Les groupes sémantiques sont divisés en sous-groupes pour favoriser l'apprentissage
- Ce lexique donne une transcription simple et pratique de chaque mot en langue étrangère

Ce dictionnaire comporte 101 thèmes, dont:

les notions fondamentales, les nombres, les couleurs, les mois et les saisons, les unités de mesure, les vêtements et les accessoires, les aliments et la nutrition, le restaurant, la famille et les liens de parenté, le caractère et la personnalité, les sentiments et les émotions, les maladies, la ville et la cité, le tourisme, le shopping, l'argent, la maison, le foyer, le bureau, la vie de bureau, l'import-export, le marketing, la recherche d'emploi, les sports, l'éducation, l'informatique, l'Internet, les outils, la nature, les différents pays du monde, les nationalités, et bien d'autres encore ...

TABLE DES MATIÈRES

GUIDE DE PRONONCIATION

Nom de la lettre	Lettre	Exemple en hébreu	Alphabet phonétique T&P	Exemple en français
Aleph	א	אריה	[ɑ], [ɑ:]	classe
	א	אחד	[ɛ], [ɛ:]	arène
	א	מְאָה	[ˀ]	coup de glotte
Beth	ב	בית	[b]	bureau
Gimel	ג	גמל	[g]	gris
Gimel+geresh	ג'	ג'ונגל	[ʤ]	adjoint
Dalet	ד	דג	[d]	document
He	ה	הר	[h]	[h] aspiré
Vav	ו	וסת	[v]	rivière
Zayin	ז	זאב	[z]	gazeuse
Zayin+geresh	ז'	ז'ורנָל	[ʒ]	jeunesse
Het	ח	חוט	[χ]	scots - nicht, allemand - Dach
Tet	ט	טוב	[t]	tennis
Yod	י	יום	[j]	maillot
Kaf	ך כ	כריש	[k]	bocal
Lamed	ל	לחם	[l]	vélo
Mem	מ ם	מלך	[m]	minéral
Nun	ן נ	נר	[n]	ananas
Samech	ס	סוס	[s]	syndicat
Ayin	ע	עין	[ɑ], [ɑ:]	classe
	ע	תְשעים	[ˤ]	consonne fricative pharyngale voisée
Pe	ף פ	פיל	[p]	panama
Tsade	ץ צ	צעצוע	[ʦ]	gratte-ciel
Tsade+geresh	צ'ץ'	צָ'ק	[ʧ]	match
Qof	ק	קוף	[k]	bocal
Resh	ר	רכבת	[r]	R vibrante
Shin	ש	שלחן, עֶשׂרִים	[s], [ʃ]	syndicat, chariot
Tav	ת	תפוז	[t]	tennis

ABRÉVIATIONS employées dans ce livre

Abréviations en français

adj	-	adjective
adv	-	adverbe
anim.	-	animé
conj	-	conjonction
dénombr.	-	dénombrable
etc.	-	et cetera
f	-	nom féminin
f pl	-	féminin pluriel
fam.	-	familiar
fem.	-	féminin
form.	-	formal
inanim.	-	inanimé
indénombr.	-	indénombrable
m	-	nom masculin
m pl	-	masculin pluriel
m, f	-	masculin, féminin
masc.	-	masculin
math	-	mathematics
mil.	-	militaire
pl	-	pluriel
prep	-	préposition
pron	-	pronom
qch	-	quelque chose
qn	-	quelqu'un
sing.	-	singulier
v aux	-	verbe auxiliaire
v imp	-	verbe impersonnel
vi	-	verbe intransitif
vi, vt	-	verbe intransitif, transitif
vp	-	verbe pronominal
vt	-	verbe transitif

Abréviations en hébreu

ז	-	masculin
ז"ר	-	masculin pluriel
ז, נ	-	masculin, féminin
נ	-	féminin
נ"ר	-	féminin pluriel

CONCEPTS DE BASE

1. Les pronoms

je	ani	אֲנִי (ז, נ)
tu (masc.)	ata	אַתָּה (ז)
tu (fem.)	at	אַתְּ (נ)
il	hu	הוּא (ז)
elle	hi	הִיא (נ)
nous	a'naχnu	אֲנַחנוּ (ז, נ)
vous (m)	atem	אַתֶּם (ז"ר)
vous (f)	aten	אַתֶּן (נ"ר)
vous (form., sing.)	ata, at	אַתָּה (ז), אַתְּ (נ)
vous (form., pl)	atem, aten	אַתֶּם (ז"ר), אַתֶּן (נ"ר)
ils	hem	הֵם (ז"ר)
elles	hen	הֵן (נ"ר)

2. Adresser des vœux. Se dire bonjour

Bonjour! (fam.)	ʃalom!	שָלוֹם!
Bonjour! (form.)	ʃalom!	שָלוֹם!
Bonjour! (le matin)	'boker tov!	בּוֹקֶר טוֹב!
Bonjour! (après-midi)	tsaha'rayim tovim!	צָהֳרַיִים טוֹבִים!
Bonsoir!	'erev tov!	עֶרֶב טוֹב!
dire bonjour	lomar ʃalom	לוֹמַר שָלוֹם
Salut!	hai!	הַיי!
salut (m)	ahlan	אַהלָן
saluer (vt)	lomar ʃalom	לוֹמַר שָלוֹם
Comment ça va?	ma ʃlomχa?	מָה שלוֹמךָ? (ז)
Comment allez-vous?	ma ʃlomeχ?, ma ʃlomχa?	מָה שלוֹמֵך? (נ), מָה שלוֹמךָ?(ז)
Quoi de neuf?	ma χadaʃ?	מָה חָדָש?
Au revoir! (form.)	lehitra'ot!	לְהִתרָאוֹת!
Au revoir! (fam.)	bai!	בַּיי!
À bientôt!	lehitra'ot bekarov!	לְהִתרָאוֹת בְּקָרוֹב!
Adieu!	lehitra'ot!	לְהִתרָאוֹת!
dire au revoir	lomar lehitra'ot	לוֹמַר לְהִתרָאוֹת
Salut! (À bientôt!)	bai!	בַּיי!
Merci!	toda!	תוֹדָה!
Merci beaucoup!	toda raba!	תוֹדָה רַבָּה!
Je vous en prie	bevakaʃa	בְּבַקָשָה
Il n'y a pas de quoi	al lo davar	עַל לֹא דָבָר
Pas de quoi	ein be'ad ma	אֵין בְּעַד מָה
Excuse-moi!	sliχa!	סלִיחָה!

Excusez-moi!	sliχa!	סליחָה!
excuser (vt)	lis'loaχ	לִסלוֹחַ
s'excuser (vp)	lehitnatsel	לְהִתנַצֵל
Mes excuses	ani mitnatsel, ani mitna'tselet	אֲנִי מִתנַצֵל (ז), אֲנִי מִתנַצֶלֶת (נ)
Pardonnez-moi!	ani mitsta'er, ani mitsta''eret	אֲנִי מִצטַעֵר (ז), אֲנִי מִצטַעֶרֶת (נ)
pardonner (vt)	lis'loaχ	לִסלוֹחַ
C'est pas grave	lo nora	לא נוֹרָא
s'il vous plaît	bevakaʃa	בְּבַקָשָׁה
N'oubliez pas!	al tiʃkaχ!	אַל תִשכַּח! (ז)
Bien sûr!	'betaχ!	בֶּטַח!
Bien sûr que non!	'betaχ ʃelo!	בֶּטַח שֶׁלא!
D'accord!	okei!	אוֹקֵיי!
Ça suffit!	maspik!	מַספִּיק!

3. Les questions

Qui?	mi?	מִי?
Quoi?	ma?	מָה?
Où? (~ es-tu?)	'eifo?	אֵיפֹה?
Où? (~ vas-tu?)	le'an?	לְאָן?
D'où?	me''eifo?	מֵאֵיפֹה?
Quand?	matai?	מָתַי?
Pourquoi? (~ es-tu venu?)	'lama?	לָמָה?
Pourquoi? (~ t'es pâle?)	ma'du'a?	מַדוּעַ?
À quoi bon?	biʃvil ma?	בִּשבִיל מָה?
Comment?	eiχ, keitsad?	כֵּיצַד? אֵיך?
Quel? (à ~ prix?)	'eize?	אֵיזֶה?
Lequel?	'eize?	אֵיזֶה?
À qui? (pour qui?)	lemi?	לְמִי?
De qui?	al mi?	עַל מִי?
De quoi?	al ma?	עַל מָה?
Avec qui?	im mi?	עִם מִי?
Combien?	'kama?	כַּמָה?
À qui?	ʃel mi?	שֶׁל מִי?

4. Les prépositions

avec (~ toi)	im	עִם
sans (~ sucre)	bli, lelo	בּלִי, לְלא
à (aller ~ ...)	le...	לְ...
de (au sujet de)	al	עַל
avant (~ midi)	lifnei	לִפנֵי
devant (~ la maison)	lifnei	לִפנֵי
sous (~ la commode)	mi'taχat le...	מִתַחַת לְ...
au-dessus de ...	me'al	מֵעַל
sur (dessus)	al	עַל

de (venir ~ Paris)	mi, me	מִ, מֵ
en (en bois, etc.)	mi, me	מִ, מֵ
dans (~ deux heures)	toχ	תוֹך
par dessus	'dereχ	דֶרֶך

5. Les mots-outils. Les adverbes. Partie 1

Où? (~ es-tu?)	'eifo?	אֵיפֹה?
ici (c'est ~)	po, kan	פֹּה, כָּאן
là-bas (c'est ~)	ʃam	שָׁם
quelque part (être)	'eifo ʃehu	אֵיפֹה שֶהוּא
nulle part (adv)	beʃum makom	בְּשוּם מָקוֹם
près de ...	leyad ...	לְיַד ...
près de la fenêtre	leyad haχalon	לְיַד הַחלוֹן
Où? (~ vas-tu?)	le'an?	לְאָן?
ici (Venez ~)	'hena, lekan	הֵנָה; לְכָאן
là-bas (j'irai ~)	leʃam	לְשָם
d'ici (adv)	mikan	מִכָּאן
de là-bas (adv)	miʃam	מִשָם
près (pas loin)	karov	קָרוֹב
loin (adv)	raχok	רָחוֹק
près de (~ Paris)	leyad	לְיַד
tout près (adv)	karov	קָרוֹב
pas loin (adv)	lo raχok	לֹא רָחוֹק
gauche (adj)	smali	שְׂמָאלִי
à gauche (être ~)	mismol	מִשׂמֹאל
à gauche (tournez ~)	'smola	שׂמֹאלָה
droit (adj)	yemani	יְמָנִי
à droite (être ~)	miyamin	מִיָמִין
à droite (tournez ~)	ya'mina	יָמִינָה
devant (adv)	mika'dima	מִקָדִימָה
de devant (adj)	kidmi	קִדמִי
en avant (adv)	ka'dima	קָדִימָה
derrière (adv)	me'aχor	מֵאָחוֹר
par derrière (adv)	me'aχor	מֵאָחוֹר
en arrière (regarder ~)	a'χora	אָחוֹרָה
milieu (m)	'emtsa	אֶמצַע (ז)
au milieu (adv)	ba''emtsa	בָּאֶמצַע
de côté (vue ~)	mehatsad	מֵהַצַד
partout (adv)	beχol makom	בְּכָל מָקוֹם
autour (adv)	misaviv	מִסָבִיב
de l'intérieur	mibifnim	מִבִּפנִים
quelque part (aller)	le'an ʃehu	לְאָן שֶהוּא

tout droit (adv)	yaʃar	יָשָר
en arrière (revenir ~)	baχazara	בַּחֲזָרָה
de quelque part (n'import d'où)	me'ei ʃam	מֵאֵי שָם
de quelque part (on ne sait pas d'où)	me'ei ʃam	מֵאֵי שָם
premièrement (adv)	reʃit	רֵאשִית
deuxièmement (adv)	ʃenit	שֵנִית
troisièmement (adv)	ʃliʃit	שלִישִית
soudain (adv)	pit'om	פִּתאוֹם
au début (adv)	behatslaχa	בְּהַתחָלָה
pour la première fois	lariʃona	לָרִאשוֹנָה
bien avant ...	zman rav lifnei ...	זמַן רַב לִפנֵי ...
de nouveau (adv)	meχadaʃ	מֵחָדָש
pour toujours (adv)	letamid	לְתָמִיד
jamais (adv)	af 'pa'am, me'olam	מֵעוֹלָם, אַף פַּעַם
de nouveau, encore (adv)	ʃuv	שוּב
maintenant (adv)	aχʃav, ka'et	עַכשָיו, כָּעֵת
souvent (adv)	le'itim krovot	לְעִיתִים קרוֹבוֹת
alors (adv)	az	אָז
d'urgence (adv)	bidχifut	בִּדחִיפוּת
d'habitude (adv)	be'dereχ klal	בְּדֶרֶך כּלָל
à propos, ...	'dereχ 'agav	דֶרֶך אַגַב
c'est possible	efʃari	אֶפשָרִי
probablement (adv)	kanir'e	כַּנִראֶה
peut-être (adv)	ulai	אוּלַי
en plus, ...	χuts mize ...	חוּץ מִזֶה ...
c'est pourquoi ...	laχen	לָכֵן
malgré ...	lamrot ...	לַמרוֹת ...
grâce à ...	hodot le...	הוֹדוֹת לְ...
quoi (pron)	ma	מַה
que (conj)	ʃe	שֶ
quelque chose (Il m'est arrivé ~)	'maʃehu	מַשֶהוּ
quelque chose (peut-on faire ~)	'maʃehu	מַשֶהוּ
rien (m)	klum	כּלוּם
qui (pron)	mi	מִי
quelqu'un (on ne sait pas qui)	'miʃehu, 'miʃehi	מִישֶהוּ (ז), מִישֶהִי (נ)
quelqu'un (n'importe qui)	'miʃehu, 'miʃehi	מִישֶהוּ (ז), מִישֶהִי (נ)
personne (pron)	af eχad, af aχat	אַף אֶחָד (ז), אַף אַחַת (נ)
nulle part (aller ~)	leʃum makom	לְשוּם מָקוֹם
de personne	lo ʃayaχ le'af eχad	לֹא שַיָיך לְאַף אֶחָד
de n'importe qui	ʃel 'miʃehu	שֶל מִישֶהוּ
comme ça (adv)	kol kaχ	כָּל־כָּך
également (adv)	gam	גַם
aussi (adv)	gam	גַם

6. Les mots-outils. Les adverbes. Partie 2

Pourquoi?	ma'du'a?	מַדוּעַ?
pour une certaine raison	miʃum ma	מִשוּם־מָה
parce que …	miʃum ʃe	מִשוּם שֶ
pour une raison quelconque	lematara 'kolʃehi	לְמַטָרָה כָּלשֶהִי
et (conj)	ve …	וְ …
ou (conj)	o	אוֹ
mais (conj)	aval, ulam	אֲבָל, אוּלָם
pour … (prep)	biʃvil	בִּשבִיל
trop (adv)	yoter midai	יוֹתֵר מִדַי
seulement (adv)	rak	רַק
précisément (adv)	bediyuk	בְּדִיוּק
près de … (prep)	be''erex	בְּעֵרֶך
approximativement	be''erex	בְּעֵרֶך
approximatif (adj)	meʃo'ar	מְשוֹעָר
presque (adv)	kim'at	כִּמעַט
reste (m)	ʃe'ar	שְאָר (ז)
l'autre (adj)	aχer	אַחֵר
autre (adj)	aχer	אַחֵר
chaque (adj)	kol	כֹּל
n'importe quel (adj)	kolʃehu	כָּלשֶהוּ
beaucoup de (dénombr.)	harbe	הַרבֵּה
beaucoup de (indénombr.)	harbe	הַרבֵּה
plusieurs (pron)	harbe	הַרבֵּה
tous	kulam	כּוּלָם
en échange de …	tmurat …	תמוּרַת …
en échange (adv)	bitmura	בִּתמוּרָה
à la main (adv)	bayad	בַּיָד
peu probable (adj)	safek im	סָפֵק אִם
probablement (adv)	karov levadai	קָרוֹב לְווַדַאי
exprès (adv)	'davka	דַווקָא
par accident (adv)	bemikre	בְּמִקרֶה
très (adv)	me'od	מְאוֹד
par exemple (adv)	lemaʃal	לְמָשָל
entre (prep)	bein	בֵּין
parmi (prep)	be'kerev	בְּקֶרֶב
autant (adv)	kol kaχ harbe	כָּל־כָּך הַרבֵּה
surtout (adv)	bimyuχad	בִּמיוּחָד

NOMBRES. DIVERS

7. Les nombres cardinaux. Partie 1

zéro	'efes	אֶפֶס (ז)
un	eχad	אֶחָד (ז)
une	aχat	אַחַת (נ)
deux	'ʃtayim	שתַיִים (נ)
trois	ʃaloʃ	שָלוֹש (נ)
quatre	arba	אַרבַּע (נ)
cinq	χameʃ	חָמֵש (נ)
six	ʃeʃ	שֵש (נ)
sept	'ʃeva	שֶבַע (נ)
huit	'ʃmone	שמוֹנֶה (נ)
neuf	'teʃa	תֵשַע (נ)
dix	'eser	עֶשֶׂר (נ)
onze	aχat esre	אַחַת־עֶשׂרֵה (נ)
douze	ʃteim esre	שתֵים־עֶשׂרֵה (נ)
treize	ʃloʃ esre	שלוֹש־עֶשׂרֵה (נ)
quatorze	arba esre	אַרבַּע־עֶשׂרֵה (נ)
quinze	χameʃ esre	חֲמֵש־עֶשׂרֵה (נ)
seize	ʃeʃ esre	שֵש־עֶשׂרֵה (נ)
dix-sept	ʃva esre	שבַע־עֶשׂרֵה (נ)
dix-huit	ʃmone esre	שמוֹנֶה־עֶשׂרֵה (נ)
dix-neuf	tʃa esre	תשַע־עֶשׂרֵה (נ)
vingt	esrim	עֶשׂרִים
vingt et un	esrim ve'eχad	עֶשׂרִים וְאֶחָד
vingt-deux	esrim u'ʃnayim	עֶשׂרִים ושנַיִים
vingt-trois	esrim uʃloʃa	עֶשׂרִים ושלוֹשָה
trente	ʃloʃim	שלוֹשִים
trente et un	ʃloʃim ve'eχad	שלוֹשִים וְאֶחָד
trente-deux	ʃloʃim u'ʃnayim	שלוֹשִים ושנַיִים
trente-trois	ʃloʃim uʃloʃa	שלוֹשִים ושלוֹשָה
quarante	arba'im	אַרבָּעִים
quarante et un	arba'im ve'eχad	אַרבָּעִים וְאֶחָד
quarante-deux	arba'im u'ʃnayim	אַרבָּעִים ושנַיִים
quarante-trois	arba'im uʃloʃa	אַרבָּעִים ושלוֹשָה
cinquante	χamiʃim	חֲמִישִים
cinquante et un	χamiʃim ve'eχad	חֲמִישִים וְאֶחָד
cinquante-deux	χamiʃim u'ʃnayim	חֲמִישִים ושנַיִים
cinquante-trois	χamiʃim uʃloʃa	חֲמִישִים ושלוֹשָה
soixante	ʃiʃim	שִישִים
soixante et un	ʃiʃim ve'eχad	שִישִים וְאֶחָד

soixante-deux	ʃiʃim u'ʃnayim	שִישִים ושנַיִים
soixante-trois	ʃiʃim uʃloʃa	שִישִים ושלושָה
soixante-dix	ʃiv'im	שִבעִים
soixante et onze	ʃiv'im ve'eχad	שִבעִים וְאֶחָד
soixante-douze	ʃiv'im u'ʃnayim	שִבעִים ושנַיִים
soixante-treize	ʃiv'im uʃloʃa	שִבעִים ושלושָה
quatre-vingts	ʃmonim	שמונִים
quatre-vingt et un	ʃmonim ve'eχad	שמונִים וְאֶחָד
quatre-vingt deux	ʃmonim u'ʃnayim	שמונִים ושנַיִים
quatre-vingt trois	ʃmonim uʃloʃa	שמונִים ושלושָה
quatre-vingt-dix	tiʃ'im	תִשעִים
quatre-vingt et onze	tiʃ'im ve'eχad	תִשעִים וְאֶחָד
quatre-vingt-douze	tiʃ'im u'ʃayim	תִשעִים ושנַיִים
quatre-vingt-treize	tiʃ'im uʃloʃa	תִשעִים ושלושָה

8. Les nombres cardinaux. Partie 2

cent	'me'a	מֵאָה (נ)
deux cents	ma'tayim	מָאתַיִים
trois cents	ʃloʃ me'ot	שלוש מֵאוֹת (נ)
quatre cents	arba me'ot	אַרבַּע מֵאוֹת (נ)
cinq cents	χameʃ me'ot	חָמֵש מֵאוֹת (נ)
six cents	ʃeʃ me'ot	שֵש מֵאוֹת (נ)
sept cents	ʃva me'ot	שבַע מֵאוֹת (נ)
huit cents	ʃmone me'ot	שמוֹנֶה מֵאוֹת (נ)
neuf cents	tʃa me'ot	תשַע מֵאוֹת (נ)
mille	'elef	אֶלֶף (ז)
deux mille	al'payim	אַלפַּיִים (ז)
trois mille	'ʃloʃet alafim	שלוֹשֶת אֲלָפִים (ז)
dix mille	a'seret alafim	עֲשֶׂרֶת אֲלָפִים (ז)
cent mille	'me'a 'elef	מֵאָה אֶלֶף (ז)
million (m)	milyon	מִיליוֹן (ז)
milliard (m)	milyard	מִילייַארד (ז)

9. Les nombres ordinaux

premier (adj)	riʃon	רִאשוֹן
deuxième (adj)	ʃeni	שֵנִי
troisième (adj)	ʃliʃi	שלִישִי
quatrième (adj)	revi'i	רְבִיעִי
cinquième (adj)	χamiʃi	חֲמִישִי
sixième (adj)	ʃiʃi	שִישִי
septième (adj)	ʃvi'i	שבִיעִי
huitième (adj)	ʃmini	שמִינִי
neuvième (adj)	tʃi'i	תשִיעִי
dixième (adj)	asiri	עֲשִׂירִי

LES COULEURS. LES UNITÉS DE MESURE

10. Les couleurs

couleur (f)	'tseva	צֶבַע (ז)
teinte (f)	gavan	גָוָן (ז)
ton (m)	gavan	גָוָן (ז)
arc-en-ciel (m)	'keʃet	קֶשֶׁת (נ)
blanc (adj)	lavan	לָבָן
noir (adj)	ʃaχor	שָׁחוֹר
gris (adj)	afor	אָפוֹר
vert (adj)	yarok	יָרוֹק
jaune (adj)	tsahov	צָהוֹב
rouge (adj)	adom	אָדוֹם
bleu (adj)	kaχol	כָּחוֹל
bleu clair (adj)	taχol	תָּכוֹל
rose (adj)	varod	וָרוֹד
orange (adj)	katom	כָּתוֹם
violet (adj)	segol	סָגוֹל
brun (adj)	χum	חוּם
d'or (adj)	zahov	זָהוֹב
argenté (adj)	kasuf	כָּסוּף
beige (adj)	beʒ	בֶּז'
crème (adj)	be'tseva krem	בְּצֶבַע קְרֶם
turquoise (adj)	turkiz	טוּרקיז
rouge cerise (adj)	bordo	בּוֹרדוֹ
lilas (adj)	segol	סָגוֹל
framboise (adj)	patol	פָּטוֹל
clair (adj)	bahir	בָּהִיר
foncé (adj)	kehe	כֵּהֶה
vif (adj)	bohek	בּוֹהֵק
de couleur (adj)	tsiv'oni	צִבעוֹנִי
en couleurs (adj)	tsiv'oni	צִבעוֹנִי
noir et blanc (adj)	ʃaχor lavan	שָׁחוֹר־לָבָן
unicolore (adj)	χad tsiv'i	חַד־צִבעִי
multicolore (adj)	sasgoni	סַסגוֹנִי

11. Les unités de mesure

poids (m)	miʃkal	מִשקָל (ז)
longueur (f)	'oreχ	אוֹרֶךְ (ז)

largeur (f)	'roχav	רוֹחַב (ז)
hauteur (f)	'gova	גוֹבַה (ז)
profondeur (f)	'omek	עוֹמֶק (ז)
volume (m)	'nefaχ	נֶפַח (ז)
aire (f)	'ʃetaχ	שֶטַח (ז)
gramme (m)	gram	גְרָם (ז)
milligramme (m)	miligram	מִילִיגְרָם (ז)
kilogramme (m)	kilogram	קִילוֹגְרָם (ז)
tonne (f)	ton	טוֹן (ז)
livre (f)	'pa'und	פָאוּנד (ז)
once (f)	'unkiya	אוּנקִיָה (נ)
mètre (m)	'meter	מֶטֶר (ז)
millimètre (m)	mili'meter	מִילִימֶטֶר (ז)
centimètre (m)	senti'meter	סֶנטִימֶטֶר (ז)
kilomètre (m)	kilo'meter	קִילוֹמֶטֶר (ז)
mille (m)	mail	מַייל (ז)
pouce (m)	intʃ	אִינץ' (ז)
pied (m)	'regel	רֶגֶל (נ)
yard (m)	yard	יַרד (ז)
mètre (m) carré	'meter ra'vu'a	מֶטֶר רָבוּעַ (ז)
hectare (m)	hektar	הֶקטָר (ז)
litre (m)	litr	לִיטר (ז)
degré (m)	ma'ala	מַעֲלָה (נ)
volt (m)	volt	ווֹלט (ז)
ampère (m)	amper	אַמפֶּר (ז)
cheval-vapeur (m)	'koaχ sus	כּוֹחַ סוּס (ז)
quantité (f)	kamut	כַּמוּת (נ)
un peu de ...	ktsat ...	קְצָת ...
moitié (f)	'χetsi	חֲצִי (ז)
douzaine (f)	tresar	תְרֵיסָר (ז)
pièce (f)	yeχida	יְחִידָה (נ)
dimension (f)	'godel	גוֹדֶל (ז)
échelle (f) (de la carte)	kne mida	קְנֵה מִידָה (ז)
minimal (adj)	mini'mali	מִינִימָאלִי
le plus petit (adj)	hakatan beyoter	הַקָטָן בְּיוֹתֵר
moyen (adj)	memutsa	מְמוּצָע
maximal (adj)	maksi'mali	מַקסִימָלִי
le plus grand (adj)	hagadol beyoter	הַגָדוֹל בְּיוֹתֵר

12. Les récipients

bocal (m) en verre	tsin'tsenet	צִנצֶנֶת (נ)
boîte, canette (f)	paχit	פַּחִית (נ)
seau (m)	dli	דלִי (ז)
tonneau (m)	χavit	חָבִית (נ)
bassine, cuvette (f)	gigit	גִיגִית (נ)

cuve (f)	meiχal	מֵיכָל (ז)
flasque (f)	meimiya	מֵימִיָּה (נ)
jerrican (m)	'dʒerikan	ג'רִיקָן (ז)
citerne (f)	meχalit	מֵיכָלִית (נ)
tasse (f), mug (m)	'sefel	סֵפֶל (ז)
tasse (f)	'sefel	סֵפֶל (ז)
soucoupe (f)	taχtit	תַחתִית (נ)
verre (m) (~ d'eau)	kos	כּוֹס (נ)
verre (m) à vin	ga'vi'a	גָבִיעַ (ז)
faitout (m)	sir	סִיר (ז)
bouteille (f)	bakbuk	בַּקבּוּק (ז)
goulot (m)	tsavar habakbuk	צַוָואר הַבַּקבּוּק (ז)
carafe (f)	kad	כַּד (ז)
pichet (m)	kankan	קַנקַן (ז)
récipient (m)	kli	כְּלִי (ז)
pot (m)	sir 'χeres	סִיר חֶרֶס (ז)
vase (m)	agartal	אֲגַרטָל (ז)
flacon (m)	tsloχit	צלוֹחִית (נ)
fiole (f)	bakbukon	בַּקבּוּקוֹן (ז)
tube (m)	ʃfo'feret	שפוֹפֶרֶת (נ)
sac (m) (grand ~)	sak	שַׂק (ז)
sac (m) (~ en plastique)	sakit	שַׂקִית (נ)
paquet (m) (~ de cigarettes)	χafisa	חֲפִיסָה (נ)
boîte (f)	kufsa	קוּפסָה (נ)
caisse (f)	argaz	אַרגָז (ז)
panier (m)	sal	סַל (ז)

LES VERBES LES PLUS IMPORTANTS

13. Les verbes les plus importants. Partie 1

aider (vt)	la'azor	לַעֲזוֹר
aimer (qn)	le'ehov	לֶאֱהוֹב
aller (à pied)	la'leχet	לָלֶכֶת
apercevoir (vt)	lasim lev	לָשִׂים לֵב
appartenir à …	lehiʃtayeχ	לְהִשתַייֵך
appeler (au secours)	likro	לִקרוֹא
attendre (vt)	lehamtin	לְהַמתִין
attraper (vt)	litfos	לִתפּוֹס
avertir (vt)	lehazhir	לְהַזהִיר
avoir (vt)	lehaχzik	לְהַחזִיק
avoir confiance	liv'toaχ	לִבטוֹחַ
avoir faim	lihyot ra'ev	לִהיוֹת רָעֵב
avoir peur	lefaχed	לְפַחֵד
avoir soif	lihyot tsame	לִהיוֹת צָמֵא
cacher (vt)	lehastir	לְהַסתִיר
casser (briser)	liʃbor	לִשבּוֹר
cesser (vt)	lehafsik	לְהַפסִיק
changer (vt)	leʃanot	לְשַנוֹת
chasser (animaux)	latsud	לָצוּד
chercher (vt)	leχapes	לְחַפֵּשׂ
choisir (vt)	livχor	לִבחוֹר
commander (~ le menu)	lehazmin	לְהַזמִין
commencer (vt)	lehatχil	לְהַתחִיל
comparer (vt)	lehaʃvot	לְהַשווֹת
comprendre (vt)	lehavin	לְהָבִין
compter (dénombrer)	lispor	לִספּוֹר
compter sur …	lismoχ al	לִסמוֹך עַל
confondre (vt)	lehitbalbel	לְהִתבַּלבֵּל
connaître (qn)	lehakir et	לְהַכִּיר אֶת
conseiller (vt)	leya'ets	לְייַעֵץ
continuer (vt)	lehamʃiχ	לְהַמשִיך
contrôler (vt)	liʃlot	לִשלוֹט
courir (vi)	laruts	לָרוּץ
coûter (vt)	la'alot	לַעֲלוֹת
créer (vt)	litsor	לִיצוֹר
creuser (vt)	laχpor	לַחפּוֹר
crier (vi)	lits'ok	לִצעוֹק

14. Les verbes les plus importants. Partie 2

décorer (~ la maison)	lekaʃet	לְקַשֵׁט
défendre (vt)	lehagen	לְהָגֵן
déjeuner (vi)	le'eχol aruχat tsaha'rayim	לֶאֱכוֹל אֲרוּחַת צָהֳרַיִים
demander (~ l'heure)	liʃ'ol	לִשְׁאוֹל
demander (de faire qch)	levakeʃ	לְבַקֵשׁ
descendre (vi)	la'redet	לָרֶדֶת
deviner (vt)	lenaχeʃ	לְנַחֵשׁ
dîner (vi)	le'eχol aruχat 'erev	לֶאֱכוֹל אֲרוּחַת עֶרֶב
dire (vt)	lomar	לוֹמַר
diriger (~ une usine)	lenahel	לְנַהֵל
discuter (vt)	ladun	לָדוּן
donner (vt)	latet	לָתֵת
donner un indice	lirmoz	לִרמוֹז
douter (vt)	lefakpek	לְפַקפֵּק
écrire (vt)	liχtov	לִכתוֹב
entendre (bruit, etc.)	liʃmo'a	לִשמוֹעַ
entrer (vi)	lehikanes	לְהִיכָּנֵס
envoyer (vt)	liʃloaχ	לִשלוֹחַ
espérer (vi)	lekavot	לְקַווֹת
essayer (vt)	lenasot	לְנַסוֹת
être (vi)	lihyot	לִהיוֹת
être d'accord	lehaskim	לְהַסכִּים
être nécessaire	lehidareʃ	לְהִידָרֵשׁ
être pressé	lemaher	לְמַהֵר
étudier (vt)	lilmod	לִלמוֹד
excuser (vt)	lis'loaχ	לִסלוֹחַ
exiger (vt)	lidroʃ	לִדרוֹשׁ
exister (vi)	lehitkayem	לְהִתקַיֵים
expliquer (vt)	lehasbir	לְהַסבִּיר
faire (vt)	la'asot	לַעֲשׂוֹת
faire tomber	lehapil	לְהַפִּיל
finir (vt)	lesayem	לְסַייֵם
garder (conserver)	liʃmor	לִשמוֹר
gronder, réprimander (vt)	linzof	לִנזוֹף
informer (vt)	leho'dia	לְהוֹדִיעַ
insister (vi)	lehit'akeʃ	לְהִתעַקֵשׁ
insulter (vt)	leha'aliv	לְהַעֲלִיב
inviter (vt)	lehazmin	לְהַזמִין
jouer (s'amuser)	lesaχek	לְשַׂחֵק

15. Les verbes les plus importants. Partie 3

libérer (ville, etc.)	leʃaχrer	לְשַחרֵר
lire (vi, vt)	likro	לִקרוֹא

louer (prendre en location)	liskor	לִשְׂכּוֹר
manquer (l'école)	lehaχsir	לְהַחסִיר
menacer (vt)	le'ayem	לְאַיֵים
mentionner (vt)	lehazkir	לְהַזכִּיר
montrer (vt)	lehar'ot	לְהַראוֹת
nager (vi)	lisχot	לִשׂחוֹת
objecter (vt)	lehitnaged	לְהִתנַגֵד
observer (vt)	litspot, lehaʃkif	לִצפּוֹת, לְהַשקִיף
ordonner (mil.)	lifkod	לִפקוֹד
oublier (vt)	liʃ'koaχ	לִשכּוֹחַ
ouvrir (vt)	lif'toaχ	לִפתוֹחַ
pardonner (vt)	lis'loaχ	לִסלוֹחַ
parler (vi, vt)	ledaber	לְדַבֵּר
participer à ...	lehiʃtatef	לְהִשתַתֵף
payer (régler)	leʃalem	לְשַלֵם
penser (vi, vt)	laχʃov	לַחשוֹב
permettre (vt)	leharʃot	לְהַרשוֹת
plaire (être apprécié)	limtso χen be'ei'nayim	לִמצוֹא חֵן בְּעֵינַיִים
plaisanter (vi)	lehitba'deaχ	לְהִתבַּדֵחַ
planifier (vt)	letaχnen	לְתַכנֵן
pleurer (vi)	livkot	לִבכּוֹת
posséder (vt)	lihyot 'ba'al ʃel	לִהיוֹת בַּעַל שֶל
pouvoir (v aux)	yaχol	יָכוֹל
préférer (vt)	leha'adif	לְהַעֲדִיף
prendre (vt)	la'kaχat	לָקַחַת
prendre en note	lirʃom	לִרשוֹם
prendre le petit déjeuner	le'eχol aruχat 'boker	לֶאֱכוֹל אֲרוּחַת בּוֹקֶר
préparer (le dîner)	levaʃel	לְבַשֵל
prévoir (vt)	laχazot	לַחֲזוֹת
prier (~ Dieu)	lehitpalel	לְהִתפַּלֵל
promettre (vt)	lehav'tiaχ	לְהַבטִיחַ
prononcer (vt)	levate	לְבַטֵא
proposer (vt)	leha'tsi'a	לְהַצִיעַ
punir (vt)	leha'aniʃ	לְהַעֲנִיש

16. Les verbes les plus importants. Partie 4

recommander (vt)	lehamlits	לְהַמלִיץ
regretter (vt)	lehitsta'er	לְהִצטַעֵר
répéter (dire encore)	laχazor al	לַחֲזוֹר עַל
répondre (vi, vt)	la'anot	לַעֲנוֹת
réserver (une chambre)	lehazmin meroʃ	לְהַזמִין מֵרֹאש
rester silencieux	liʃtok	לִשתוֹק
réunir (regrouper)	le'aχed	לְאַחֵד
rire (vi)	litsχok	לִצחוֹק
s'arrêter (vp)	la'atsor	לַעֲצוֹר
s'asseoir (vp)	lehityaʃev	לְהִתיַישֵב

sauver (la vie à qn)	lehatsil	לְהַצִיל
savoir (qch)	la'da'at	לָדַעַת
se baigner (vp)	lehitraχets	לְהִתרַחֵץ
se plaindre (vp)	lehitlonen	לְהִתלוֹנֵן
se refuser (vp)	lesarev	לְסָרֵב
se tromper (vp)	lit'ot	לִטעוֹת
se vanter (vp)	lehitravrev	לְהִתרַבְרֵב
s'étonner (vp)	lehitpale	לְהִתפַּלֵא
s'excuser (vp)	lehitnatsel	לְהִתנַצֵל
signer (vt)	laχtom	לַחתוֹם
signifier (vt)	lomar	לוֹמַר
s'intéresser (vp)	lehit'anyen be...	לְהִתעַניֵין בְּ...
sortir (aller dehors)	latset	לָצֵאת
sourire (vi)	leχayeχ	לְחַייֵך
sous-estimer (vt)	leham'it be"ereχ	לְהַמעִיט בְּעֵרֶך
suivre ... (suivez-moi)	la'akov aχarei	לַעֲקוֹב אַחֲרֵי
tirer (vi)	lirot	לִירוֹת
tomber (vi)	lipol	לִיפּוֹל
toucher (avec les mains)	la'ga'at	לָגַעַת
tourner (~ à gauche)	lifnot	לִפנוֹת
traduire (vt)	letargem	לְתַרגֵם
travailler (vi)	la'avod	לַעֲבוֹד
tromper (vt)	leramot	לְרַמוֹת
trouver (vt)	limtso	לִמצוֹא
tuer (vt)	laharog	לַהֲרוֹג
vendre (vt)	limkor	לִמכּוֹר
venir (vi)	leha'gi'a	לְהַגִיעַ
voir (vt)	lir'ot	לִראוֹת
voler (avion, oiseau)	la'uf	לָעוּף
voler (qch à qn)	lignov	לִגנוֹב
vouloir (vt)	lirtsot	לִרצוֹת

LA NOTION DE TEMPS. LE CALENDRIER

17. Les jours de la semaine

lundi (m)	yom ʃeni	יוֹם שֵׁנִי (ז)
mardi (m)	yom ʃliʃi	יוֹם שלִישִׁי (ז)
mercredi (m)	yom revi'i	יוֹם רְבִיעִי (ז)
jeudi (m)	yom χamiʃi	יוֹם חֲמִישִׁי (ז)
vendredi (m)	yom ʃiʃi	יוֹם שִׁישִׁי (ז)
samedi (m)	ʃabat	שַׁבָּת (נ)
dimanche (m)	yom riʃon	יוֹם רִאשׁוֹן (ז)
aujourd'hui (adv)	hayom	הַיּוֹם
demain (adv)	maχar	מָחָר
après-demain (adv)	maχara'tayim	מָחֳרָתַיִים
hier (adv)	etmol	אֶתמוֹל
avant-hier (adv)	ʃilʃom	שִׁלשׁוֹם
jour (m)	yom	יוֹם (ז)
jour (m) ouvrable	yom avoda	יוֹם עֲבוֹדָה (ז)
jour (m) férié	yom χag	יוֹם חַג (ז)
jour (m) de repos	yom menuχa	יוֹם מְנוּחָה (ז)
week-end (m)	sof ʃa'vu'a	סוֹף שָׁבוּעַ
toute la journée	kol hayom	כָּל הַיּוֹם
le lendemain	lamaχarat	לַמָּחֳרָת
il y a 2 jours	lifnei yo'mayim	לִפנֵי יוֹמַיִים
la veille	'erev	עֶרֶב
quotidien (adj)	yomyomi	יוֹמיוֹמִי
tous les jours	midei yom	מִדֵי יוֹם
semaine (f)	ʃa'vua	שָׁבוּעַ (ז)
la semaine dernière	baʃa'vu'a ʃe'avar	בַּשָׁבוּעַ שֶׁעָבַר
la semaine prochaine	baʃa'vu'a haba	בַּשָׁבוּעַ הַבָּא
hebdomadaire (adj)	ʃvu'i	שבוּעִי
chaque semaine	kol ʃa'vu'a	כָּל שָׁבוּעַ
2 fois par semaine	pa'a'mayim beʃa'vu'a	פַּעֲמַיִים בְּשָׁבוּעַ
tous les mardis	kol yom ʃliʃi	כָּל יוֹם שלִישִׁי

18. Les heures. Le jour et la nuit

matin (m)	'boker	בּוֹקֶר (ז)
le matin	ba'boker	בַּבּוֹקֶר
midi (m)	tsaha'rayim	צָהֳרַיִים (ז"ר)
dans l'après-midi	aχar hatsaha'rayim	אַחַר הַצָהֳרַיִים
soir (m)	'erev	עֶרֶב (ז)
le soir	ba''erev	בָּעֶרֶב

nuit (f)	'laila	לַילָה (ז)
la nuit	ba'laila	בַּלַילָה
minuit (f)	χatsot	חֲצוֹת (נ)
seconde (f)	ʃniya	שנִייָה (נ)
minute (f)	daka	דַקָה (נ)
heure (f)	ʃa'a	שָעָה (נ)
demi-heure (f)	χatsi ʃa'a	חֲצִי שָעָה (נ)
un quart d'heure	'reva ʃa'a	רֶבַע שָעָה (ז)
quinze minutes	χameʃ esre dakot	חֲמֵש עֶשׂרֵה דַקוֹת
vingt-quatre heures	yemama	יְמָמָה (נ)
lever (m) du soleil	zriχa	זרִיחָה (נ)
aube (f)	'ʃaχar	שַחַר (ז)
point (m) du jour	'ʃaχar	שַחַר (ז)
coucher (m) du soleil	ʃki'a	שקִיעָה (נ)
tôt le matin	mukdam ba'boker	מוּקדָם בַּבּוֹקֶר
ce matin	ha'boker	הַבּוֹקֶר
demain matin	maχar ba'boker	מָחָר בַּבּוֹקֶר
cet après-midi	hayom aχarei hatzaha'rayim	הַיוֹם אַחֲרֵי הַצָהֳרַיִים
dans l'après-midi	aχar hatsaha'rayim	אַחַר הַצָהֳרַיִים
demain après-midi	maχar aχarei hatsaha'rayim	מָחָר אַחֲרֵי הַצָהֳרַיִים
ce soir	ha''erev	הָעֶרֶב
demain soir	maχar ba''erev	מָחָר בָּעֶרֶב
à 3 heures précises	baʃa'a ʃaloʃ bediyuk	בְּשָעָה שָלוֹש בְּדִיוּק
autour de 4 heures	bisvivot arba	בִּסבִיבוֹת אַרבַּע
vers midi	ad ʃteim esre	עַד שתֵים-עֶשׂרֵה
dans 20 minutes	be'od esrim dakot	בְּעוֹד עֶשׂרִים דַקוֹת
dans une heure	be'od ʃa'a	בְּעוֹד שָעָה
à temps	bazman	בַּזמַן
... moins le quart	'reva le...	רֶבַע לְ...
en une heure	toχ ʃa'a	תוֹך שָעָה
tous les quarts d'heure	kol 'reva ʃa'a	כָּל רֶבַע שָעָה
24 heures sur 24	misaviv laʃa'on	מִסָבִיב לַשָעוֹן

19. Les mois. Les saisons

janvier (m)	'yanu'ar	יָנוּאָר (ז)
février (m)	'febru'ar	פֶבּרוּאָר (ז)
mars (m)	merts	מֶרץ (ז)
avril (m)	april	אַפּרִיל (ז)
mai (m)	mai	מַאי (ז)
juin (m)	'yuni	יוּנִי (ז)
juillet (m)	'yuli	יוּלִי (ז)
août (m)	'ogust	אוֹגוּסט (ז)
septembre (m)	sep'tember	סֶפּטֶמבֶּר (ז)
octobre (m)	ok'tober	אוֹקטוֹבֶּר (ז)

novembre (m)	no'vember	נוֹבֶמבֶּר (ז)
décembre (m)	de'tsember	דֶצֶמבֶּר (ז)
printemps (m)	aviv	אָבִיב (ז)
au printemps	ba'aviv	בְּאָבִיב
de printemps (adj)	avivi	אֲבִיבִי
été (m)	'kayits	קַיִץ (ז)
en été	ba'kayits	בַּקַיִץ
d'été (adj)	ketsi	קֵיצִי
automne (m)	stav	סתָיו (ז)
en automne	bestav	בְּסתָיו
d'automne (adj)	stavi	סתָווִי
hiver (m)	'χoref	חוֹרֶף (ז)
en hiver	ba'χoref	בַּחוֹרֶף
d'hiver (adj)	χorpi	חוֹרפִּי
mois (m)	'χodeʃ	חוֹדֶש (ז)
ce mois	ha'χodeʃ	הַחוֹדֶש
le mois prochain	ba'χodeʃ haba	בַּחוֹדֶש הַבָּא
le mois dernier	ba'χodeʃ ʃe'avar	בַּחוֹדֶש שֶעָבַר
il y a un mois	lifnei 'χodeʃ	לִפנֵי חוֹדֶש
dans un mois	be'od 'χodeʃ	בְּעוֹד חוֹדֶש
dans 2 mois	be'od χod'ʃayim	בְּעוֹד חוֹדשַיִים
tout le mois	kol ha'χodeʃ	כָּל הַחוֹדֶש
tout un mois	kol ha'χodeʃ	כָּל הַחוֹדֶש
mensuel (adj)	χodʃi	חוֹדשִי
mensuellement	χodʃit	חוֹדשִית
chaque mois	kol 'χodeʃ	כָּל חוֹדֶש
2 fois par mois	pa'a'mayim be'χodeʃ	פַּעֲמַיִים בְּחוֹדֶש
année (f)	ʃana	שָנָה (נ)
cette année	haʃana	הַשָנָה
l'année prochaine	baʃana haba'a	בַּשָנָה הַבָּאָה
l'année dernière	baʃana ʃe'avra	בַּשָנָה שֶעָברָה
il y a un an	lifnei ʃana	לִפנֵי שָנָה
dans un an	be'od ʃana	בְּעוֹד שָנָה
dans 2 ans	be'od ʃna'tayim	בְּעוֹד שנָתַיִים
toute l'année	kol haʃana	כָּל הַשָנָה
toute une année	kol haʃana	כָּל הַשָנָה
chaque année	kol ʃana	כָּל שָנָה
annuel (adj)	ʃnati	שנָתִי
annuellement	midei ʃana	מִדֵי שָנָה
4 fois par an	arba pa'amim be'χodeʃ	אַרבַּע פְּעָמִים בְּחוֹדֶש
date (f) (jour du mois)	ta'ariχ	תַאֲרִיך (ז)
date (f) (~ mémorable)	ta'ariχ	תַאֲרִיך (ז)
calendrier (m)	'luaχ ʃana	לוּחַ שָנָה (ז)
six mois	χatsi ʃana	חֲצִי שָנָה (ז)
semestre (m)	ʃiʃa χodaʃim, χatsi ʃana	חֲצִי שָנָה, שִישָה חוֹדָשִים

saison (f)	ona	עוֹנָה (נ)
siècle (m)	'me'a	מֵאָה (נ)

LES VOYAGES. L'HÔTEL

20. Les voyages. Les excursions

tourisme (m)	tayarut	תַיָירוּת (נ)
touriste (m)	tayar	תַיָיר (ז)
voyage (m) (à l'étranger)	tiyul	טִיוּל (ז)
aventure (f)	harpatka	הַרפַּתקָה (נ)
voyage (m)	nesi'a	נְסִיעָה (נ)
vacances (f pl)	xufʃa	חוּפשָה (נ)
être en vacances	lihyot bexufʃa	לִהיוֹת בְּחוּפשָה
repos (m) (jours de ~)	menuxa	מְנוּחָה (נ)
train (m)	ra'kevet	רַכֶּבֶת (נ)
en train	bera'kevet	בְּרַכֶּבֶת
avion (m)	matos	מָטוֹס (ז)
en avion	bematos	בְּמָטוֹס
en voiture	bemexonit	בִּמְכוֹנִית
en bateau	be'oniya	בְּאוֹנִייָה
bagage (m)	mit'an	מִטעָן (ז)
malle (f)	mizvada	מִזווָדָה (נ)
chariot (m)	eglat mit'an	עֶגלַת מִטעָן (נ)
passeport (m)	darkon	דַרכּוֹן (ז)
visa (m)	'viza, aʃra	וִיזָה, אַשרָה (נ)
ticket (m)	kartis	כַּרטִיס (ז)
billet (m) d'avion	kartis tisa	כַּרטִיס טִיסָה (ז)
guide (m) (livre)	madrix	מַדרִיך (ז)
carte (f)	mapa	מַפָּה (נ)
région (f) (~ rurale)	ezor	אֵזוֹר (ז)
endroit (m)	makom	מָקוֹם (ז)
exotisme (m)	ek'zotika	אֶקזוֹטִיקָה (נ)
exotique (adj)	ek'zoti	אֶקזוֹטִי
étonnant (adj)	nifla	נִפלָא
groupe (m)	kvutsa	קבוּצָה (נ)
excursion (f)	tiyul	טִיוּל (ז)
guide (m) (personne)	madrix tiyulim	מַדרִיך טִיוּלִים (ז)

21. L'hôtel

hôtel (m), auberge (f)	malon	מָלוֹן (ז)
motel (m)	motel	מוֹטֶל (ז)
3 étoiles	ʃloʃa koxavim	שלוֹשָה כּוֹכָבִים

5 étoiles	χamiʃa koχavim	חֲמִישָׁה כּוֹכָבִים
descendre (à l'hôtel)	lehit'aχsen	לְהִתאַכסֵן
chambre (f)	'χeder	חֶדֶר (ז)
chambre (f) simple	'χeder yaχid	חֶדֶר יָחִיד (ז)
chambre (f) double	'χeder zugi	חֶדֶר זוּגִי (ז)
réserver une chambre	lehazmin 'χeder	לְהַזמִין חֶדֶר
demi-pension (f)	χatsi pensiyon	חֲצִי פֶּנסִיוֹן (ז)
pension (f) complète	pensyon male	פֶּנסִיוֹן מָלֵא (ז)
avec une salle de bain	im am'batya	עִם אַמבַּטיָה
avec une douche	im mik'laχat	עִם מִקלַחַת
télévision (f) par satellite	tele'vizya bekvalim	טֶלֶוִויזיָה בְּכבָלִים (נ)
climatiseur (m)	mazgan	מַזגָן (ז)
serviette (f)	ma'gevet	מַגֶבֶת (נ)
clé (f)	maf'teaχ	מַפתֵחַ (ז)
administrateur (m)	amarkal	אֲמַרכָּל (ז)
femme (f) de chambre	χadranit	חַדרָנִית (נ)
porteur (m)	sabal	סַבָּל (ז)
portier (m)	pakid kabala	פָּקִיד קַבָּלָה (ז)
restaurant (m)	mis'ada	מִסעָדָה (נ)
bar (m)	bar	בָּר (ז)
petit déjeuner (m)	aruχat 'boker	אֲרוּחַת בּוֹקֶר (נ)
dîner (m)	aruχat 'erev	אֲרוּחַת עֶרֶב (נ)
buffet (m)	miznon	מִזנוֹן (ז)
hall (m)	'lobi	לוֹבִּי (ז)
ascenseur (m)	ma'alit	מַעֲלִית (נ)
PRIÈRE DE NE PAS DÉRANGER	lo lehaf'ri'a	לֹא לְהַפרִיעַ
DÉFENSE DE FUMER	asur le'aʃen!	אָסוּר לְעַשֵׁן!

22. Le tourisme

monument (m)	an'darta	אַנדַרטָה (נ)
forteresse (f)	mivtsar	מִבצָר (ז)
palais (m)	armon	אַרמוֹן (ז)
château (m)	tira	טִירָה (נ)
tour (f)	migdal	מִגדָל (ז)
mausolée (m)	ma'uzo'le'um	מָאוּזוֹלֵיאוּם (ז)
architecture (f)	adriχalut	אַדרִיכָלוּת (נ)
médiéval (adj)	benaimi	בֵּינַיימִי
ancien (adj)	atik	עַתִיק
national (adj)	le'umi	לְאוּמִי
connu (adj)	mefursam	מְפוּרסָם
touriste (m)	tayar	תַיָיר (ז)
guide (m) (personne)	madriχ tiyulim	מַדרִיך טִיוּלִים (ז)
excursion (f)	tiyul	טִיוּל (ז)

montrer (vt)	lehar'ot	לְהַראוֹת
raconter (une histoire)	lesaper	לְסַפֵּר
trouver (vt)	limtso	לִמצוֹא
se perdre (vp)	la'leχet le'ibud	לָלֶכֶת לְאִיבּוּד
plan (m) (du metro, etc.)	mapa	מַפָּה (נ)
carte (f) (de la ville, etc.)	tarʃim	תַּרשִׁים (ז)
souvenir (m)	maz'keret	מַזכֶּרֶת (נ)
boutique (f) de souvenirs	χanut matanot	חֲנוּת מַתָּנוֹת (נ)
prendre en photo	letsalem	לְצַלֵּם
se faire prendre en photo	lehitstalem	לְהִצטַלֵּם

LES TRANSPORTS

23. L'aéroport

aéroport (m)	nemal te'ufa	נְמַל תְעוּפָה (ז)
avion (m)	matos	מָטוֹס (ז)
compagnie (f) aérienne	χevrat te'ufa	חֶברַת תְעוּפָה (נ)
contrôleur (m) aérien	bakar tisa	בַּקָר טִיסָה (ז)
départ (m)	hamra'a	הַמרָאָה (נ)
arrivée (f)	neχita	נְחִיתָה (נ)
arriver (par avion)	leha'gi'a betisa	לְהַגִיעַ בְּטִיסָה
temps (m) de départ	zman hamra'a	זמַן הַמרָאָה (ז)
temps (m) d'arrivée	zman neχita	זמַן נְחִיתָה (ז)
être retardé	lehit'akev	לְהִתעַכֵּב
retard (m) de l'avion	ikuv hatisa	עִיכּוּב הַטִיסָה (ז)
tableau (m) d'informations	'luaχ meida	לוּחַ מֵידָע (ז)
information (f)	meida	מֵידָע (ז)
annoncer (vt)	leho'dia	לְהוֹדִיעַ
vol (m)	tisa	טִיסָה (נ)
douane (f)	'meχes	מֶכֶס (ז)
douanier (m)	pakid 'meχes	פָּקִיד מֶכֶס (ז)
déclaration (f) de douane	hatsharat meχes	הַצהָרַת מֶכֶס (נ)
remplir (vt)	lemale	לְמַלֵא
remplir la déclaration	lemale 'tofes hatshara	לְמַלֵא טוֹפֶס הַצהָרָה
contrôle (m) de passeport	bdikat darkonim	בּדִיקַת דַרכּוֹנִים (נ)
bagage (m)	kvuda	כּבוּדָה (נ)
bagage (m) à main	kvudat yad	כּבוּדַת יָד (נ)
chariot (m)	eglat kvuda	עֶגלַת כּבוּדָה (נ)
atterrissage (m)	neχita	נְחִיתָה (נ)
piste (f) d'atterrissage	maslul neχita	מַסלוּל נְחִיתָה (ז)
atterrir (vi)	linχot	לִנחוֹת
escalier (m) d'avion	'keveʃ	כֶּבֶש (ז)
enregistrement (m)	ʧek in	צֶ'ק אִין (ז)
comptoir (m) d'enregistrement	dalpak ʧek in	דַלפָּק צֶ'ק אִין (ז)
s'enregistrer (vp)	leva'tse'a ʧek in	לְבַצֵע צֶ'ק אִין
carte (f) d'embarquement	kartis aliya lematos	כַּרטִיס עֲלִיָה לְמָטוֹס (ז)
porte (f) d'embarquement	'ʃa'ar yetsi'a	שַעַר יְצִיאָה (ז)
transit (m)	ma'avar	מַעֲבָר (ז)
attendre (vt)	lehamtin	לְהַמתִין
salle (f) d'attente	traklin tisa	טרַקלִין טִיסָה (ז)

raccompagner (à l'aéroport, etc.)	lelavot	לְלַווֹת
dire au revoir	lomar lehitra'ot	לוֹמַר לְהִתרָאוֹת

24. L'avion

avion (m)	matos	מָטוֹס (ז)
billet (m) d'avion	kartis tisa	כַּרטִיס טִיסָה (ז)
compagnie (f) aérienne	χevrat te'ufa	חֶברַת תְעוּפָה (נ)
aéroport (m)	nemal te'ufa	נְמַל תְעוּפָה (ז)
supersonique (adj)	al koli	עַל קוֹלִי
commandant (m) de bord	kabarnit	קַבַּרנִיט (ז)
équipage (m)	'tsevet	צֶווֶת (ז)
pilote (m)	tayas	טַיָיס (ז)
hôtesse (f) de l'air	da'yelet	דַייֶלֶת (נ)
navigateur (m)	navat	נַווָט (ז)
ailes (f pl)	kna'fayim	כּנָפַיִים (נ"ר)
queue (f)	zanav	זָנָב (ז)
cabine (f)	'kokpit	קוֹקפִּיט (ז)
moteur (m)	ma'no'a	מָנוֹעַ (ז)
train (m) d'atterrissage	kan nesi'a	כַּן נְסִיעָה (ז)
turbine (f)	tur'bina	טוּרבִּינָה (נ)
hélice (f)	madχef	מַדחֵף (ז)
boîte (f) noire	kufsa ʃχora	קוּפסָה שחוֹרָה (נ)
gouvernail (m)	'hege	הֶגֶה (ז)
carburant (m)	'delek	דֶלֶק (ז)
consigne (f) de sécurité	hora'ot betiχut	הוֹרָאוֹת בְּטִיחוּת (נ"ר)
masque (m) à oxygène	maseχat χamtsan	מַסֵיכַת חַמצָן (נ)
uniforme (m)	madim	מַדִים (ז"ר)
gilet (m) de sauvetage	χagorat hatsala	חֲגוֹרַת הַצָלָה (נ)
parachute (m)	mitsnaχ	מִצנָח (ז)
décollage (m)	hamra'a	הַמרָאָה (נ)
décoller (vi)	lehamri	לְהַמרִיא
piste (f) de décollage	maslul hamra'a	מַסלוּל הַמרָאָה (ז)
visibilité (f)	re'ut	רְאוּת (נ)
vol (m) (~ d'oiseau)	tisa	טִיסָה (נ)
altitude (f)	'gova	גוֹבַה (ז)
trou (m) d'air	kis avir	כִּיס אֲוִויר (ז)
place (f)	moʃav	מוֹשָב (ז)
écouteurs (m pl)	ozniyot	אוֹזנִיוֹת (נ"ר)
tablette (f)	magaʃ mitkapel	מַגָש מִתקַפֵּל (ז)
hublot (m)	tsohar	צוֹהַר (ז)
couloir (m)	ma'avar	מַעֲבָר (ז)

25. Le train

train (m)	ra'kevet	רַכֶּבֶת (נ)
train (m) de banlieue	ra'kevet parvarim	רַכֶּבֶת פַּרבָרִים (נ)
TGV (m)	ra'kevet mehira	רַכֶּבֶת מְהִירָה (נ)
locomotive (f) diesel	katar 'dizel	קַטָר דִיזֶל (ז)
locomotive (f) à vapeur	katar	קַטָר (ז)
wagon (m)	karon	קָרוֹן (ז)
wagon-restaurant (m)	kron mis'ada	קרוֹן מִסעָדָה (ז)
rails (m pl)	mesilot	מְסִילוֹת (נ"ר)
chemin (m) de fer	mesilat barzel	מְסִילַת בַּרזֶל (נ)
traverse (f)	'eden	אֶדֶן (ז)
quai (m)	ratsif	רָצִיף (ז)
voie (f)	mesila	מְסִילָה (נ)
sémaphore (m)	ramzor	רַמזוֹר (ז)
station (f)	taχana	תַחֲנָה (נ)
conducteur (m) de train	nahag ra'kevet	נֶהַג רַכֶּבֶת (ז)
porteur (m)	sabal	סַבָּל (ז)
steward (m)	sadran ra'kevet	סַדרָן רַכֶּבֶת (ז)
passager (m)	no'se'a	נוֹסֵעַ (ז)
contrôleur (m) de billets	bodek	בּוֹדֵק (ז)
couloir (m)	prozdor	פרוֹזדוֹר (ז)
frein (m) d'urgence	ma'atsar χirum	מַעֲצָר חֵירוּם (ז)
compartiment (m)	ta·	תָא (ז)
couchette (f)	dargaʃ	דַרגָש (ז)
couchette (f) d'en haut	dargaʃ elyon	דַרגָש עֶליוֹן (ז)
couchette (f) d'en bas	dargaʃ taχton	דַרגָש תַחתוֹן (ז)
linge (m) de lit	matsa'im	מַצָעִים (ז"ר)
ticket (m)	kartis	כַּרטִיס (ז)
horaire (m)	'luaχ zmanim	לוּחַ זמַנִים (ז)
tableau (m) d'informations	'ʃelet meida	שֶלֶט מֵידָע (ז)
partir (vi)	latset	לָצֵאת
départ (m) (du train)	yetsi'a	יְצִיאָה (נ)
arriver (le train)	leha'gi'a	לְהַגִיעַ
arrivée (f)	haga'a	הַגָעָה (נ)
arriver en train	leha'gi'a bera'kevet	לְהַגִיעַ בְּרַכֶּבֶת
prendre le train	la'alot lera'kevet	לַעֲלוֹת לְרַכֶּבֶת
descendre du train	la'redet mehara'kevet	לָרֶדֶת מֵהָרַכֶּבֶת
accident (m) ferroviaire	hitraskut	הִתרַסקוּת (נ)
dérailler (vi)	la'redet mipasei ra'kevet	לָרֶדֶת מִפַּסֵי רַכֶּבֶת
locomotive (f) à vapeur	katar	קַטָר (ז)
chauffeur (m)	masik	מַסִיק (ז)
chauffe (f)	kivʃan	כִּבשָן (ז)
charbon (m)	peχam	פֶּחָם (ז)

26. Le bateau

bateau (m)	sfina	סְפִינָה (נ)
navire (m)	sfina	סְפִינָה (נ)
bateau (m) à vapeur	oniyat kitor	אוֹנִיַּית קִיטוֹר (נ)
paquebot (m)	sfinat nahar	סְפִינַת נָהָר (נ)
bateau (m) de croisière	oniyat ta'anugot	אוֹנִיַּית תַּעֲנוּגוֹת (נ)
croiseur (m)	sa'yeret	סַיֶּירֶת (נ)
yacht (m)	'yaχta	יַכְטָה (נ)
remorqueur (m)	go'reret	גוֹרֶרֶת (נ)
péniche (f)	arba	אַרְבָּה (נ)
ferry (m)	ma'a'boret	מַעֲבּוֹרֶת (נ)
voilier (m)	sfinat mifras	סְפִינַת מִפְרָשׂ (נ)
brigantin (m)	briganit	בְּרִיגָנִית (נ)
brise-glace (m)	ʃo'veret 'keraχ	שׁוֹבֶרֶת קֶרַח (נ)
sous-marin (m)	ʦo'lelet	צוֹלֶלֶת (נ)
canot (m) à rames	sira	סִירָה (נ)
dinghy (m)	sira	סִירָה (נ)
canot (m) de sauvetage	sirat haʦala	סִירַת הַצָּלָה (נ)
canot (m) à moteur	sirat ma'no'a	סִירַת מָנוֹעַ (נ)
capitaine (m)	rav χovel	רַב־חוֹבֵל (ז)
matelot (m)	malaχ	מַלָּח (ז)
marin (m)	yamai	יַמַּאי (ז)
équipage (m)	'ʦevet	צֶוֶות (ז)
maître (m) d'équipage	rav malaχim	רַב־מַלָּחִים (ז)
mousse (m)	'na'ar sipun	נַעַר סִיפּוּן (ז)
cuisinier (m) du bord	tabaχ	טַבָּח (ז)
médecin (m) de bord	rofe ha'oniya	רוֹפֵא הָאוֹנִיָּיה (ז)
pont (m)	sipun	סִיפּוּן (ז)
mât (m)	'toren	תוֹרֶן (ז)
voile (f)	mifras	מִפְרָשׂ (ז)
cale (f)	'beten oniya	בֶּטֶן אוֹנִיָּיה (נ)
proue (f)	χartom	חַרטוֹם (ז)
poupe (f)	yarketei hasfina	יַרְכְּתֵי הַסְפִינָה (ז״ר)
rame (f)	maʃot	מָשׁוֹט (ז)
hélice (f)	madχef	מַדחֵף (ז)
cabine (f)	ta	תָּא (ז)
carré (m) des officiers	mo'adon kʦinim	מוֹעֲדוֹן קְצִינִים (ז)
salle (f) des machines	χadar meχonot	חֲדַר מְכוֹנוֹת (ז)
passerelle (f)	'geʃer hapikud	גֶּשֶׁר הַפִּיקוּד (ז)
cabine (f) de T.S.F.	ta alχutan	תָּא אַלחוּטָן (ז)
onde (f)	'teder	תֶּדֶר (ז)
journal (m) de bord	yoman ha'oniya	יוֹמַן הָאוֹנִיה (ז)
longue-vue (f)	miʃkefet	מִשׁקֶפֶת (נ)
cloche (f)	pa'amon	פַּעֲמוֹן (ז)

pavillon (m)	'degel	דֶגֶל (ז)
grosse corde (f) tressée	avot ha'oniya	עֲבוֹת הָאוֹנִיָּה (נ)
nœud (m) marin	'keʃer	קֶשֶׁר (ז)
rampe (f)	ma'ake hasipun	מַעֲקֵה הַסִּיפּוּן (ז)
passerelle (f)	'keveʃ	כֶּבֶשׁ (ז)
ancre (f)	'ogen	עוֹגֶן (ז)
lever l'ancre	leharim 'ogen	לְהָרִים עוֹגֶן
jeter l'ancre	la'agon	לַעֲגוֹן
chaîne (f) d'ancrage	ʃar'ʃeret ha'ogen	שַׁרשֶׁרֶת הָעוֹגֶן (נ)
port (m)	namal	נָמָל (ז)
embarcadère (m)	'mezaχ	מֶזַח (ז)
accoster (vi)	la'agon	לַעֲגוֹן
larguer les amarres	lehaflig	לְהַפלִיג
voyage (m) (à l'étranger)	masa, tiyul	מַסָע (ז), טִיוּל (ז)
croisière (f)	'ʃayit	שַׁיִט (ז)
cap (m) (suivre un ~)	kivun	כִּיווּן (ז)
itinéraire (m)	nativ	נָתִיב (ז)
chenal (m)	nativ 'ʃayit	נְתִיב שַׁיִט (ז)
bas-fond (m)	sirton	שִׂרטוֹן (ז)
échouer sur un bas-fond	la'alot al hasirton	לַעֲלוֹת עַל הַשִׂרטוֹן
tempête (f)	sufa	סוּפָה (נ)
signal (m)	ot	אוֹת (ז)
sombrer (vi)	lit'bo'a	לִטבּוֹעַ
Un homme à la mer!	adam ba'mayim!	אָדָם בַּמַיִם!
SOS (m)	kri'at hatsala	קְרִיאַת הַצָּלָה
bouée (f) de sauvetage	galgal hatsala	גַלגַל הַצָּלָה (ז)

LA VILLE

27. Les transports en commun

autobus (m)	'otobus	אוטובוס (ז)
tramway (m)	ra'kevet kala	רַכֶּבֶת קַלָה (נ)
trolleybus (m)	tro'leibus	טרולֵיבוס (ז)
itinéraire (m)	maslul	מַסלול (ז)
numéro (m)	mispar	מִספָר (ז)
prendre ...	lin'so'a be...	לִנסוֹעַ בְּ...
monter (dans l'autobus)	la'alot	לַעֲלוֹת
descendre de ...	la'redet mi...	לָרֶדֶת מִ...
arrêt (m)	taχana	תַחֲנָה (נ)
arrêt (m) prochain	hataχana haba'a	הַתַחֲנָה הַבָּאָה (נ)
terminus (m)	hataχana ha'aχrona	הַתַחֲנָה הָאַחרוֹנָה (נ)
horaire (m)	'luaχ zmanim	לוּחַ זמַנִים (ז)
attendre (vt)	lehamtin	לְהַמתִין
ticket (m)	kartis	כַּרטִיס (ז)
prix (m) du ticket	meχir hanesiya	מְחִיר הַנְסִיעָה (ז)
caissier (m)	kupai	קוּפָּאִי (ז)
contrôle (m) des tickets	bi'koret kartisim	בִּיקוֹרֶת כַּרטִיסִים (נ)
contrôleur (m)	mevaker	מְבַקֵר (ז)
être en retard	le'aχer	לְאַחֵר
rater (~ le train)	lefasfes	לְפַספֵס
se dépêcher	lemaher	לְמַהֵר
taxi (m)	monit	מוֹנִית (נ)
chauffeur (m) de taxi	nahag monit	נַהַג מוֹנִית (ז)
en taxi	bemonit	בְּמוֹנִית
arrêt (m) de taxi	taχanat moniyot	תַחֲנַת מוֹנִיוֹת (נ)
appeler un taxi	lehazmin monit	לְהַזמִין מוֹנִית
prendre un taxi	la'kaχat monit	לָקַחַת מוֹנִית
trafic (m)	tnu'a	תנוּעָה (נ)
embouteillage (m)	pkak	פּקָק (ז)
heures (f pl) de pointe	ʃa'ot 'omes	שְעוֹת עוֹמֶס (נ"ר)
se garer (vp)	laχanot	לַחֲנוֹת
garer (vt)	lehaχnot	לְהַחנוֹת
parking (m)	χanaya	חֲנָיָה (נ)
métro (m)	ra'kevet taχtit	רַכֶּבֶת תַחתִית (נ)
station (f)	taχana	תַחֲנָה (נ)
prendre le métro	lin'so'a betaχtit	לִנסוֹעַ בְּתַחתִית
train (m)	ra'kevet	רַכֶּבֶת (נ)
gare (f)	taχanat ra'kevet	תַחֲנַת רַכֶּבֶת (נ)

28. La ville. La vie urbaine

ville (f)	ir	עִיר (נ)
capitale (f)	ir bira	עִיר בִּירָה (נ)
village (m)	kfar	כְּפָר (ז)
plan (m) de la ville	mapat ha'ir	מַפַּת הָעִיר (נ)
centre-ville (m)	merkaz ha'ir	מֶרְכַּז הָעִיר (ז)
banlieue (f)	parvar	פַּרְוָור (ז)
de banlieue (adj)	parvari	פַּרְוָורִי
périphérie (f)	parvar	פַּרְוָור (ז)
alentours (m pl)	svivot	סְבִיבוֹת (נ"ר)
quartier (m)	ʃχuna	שְׁכוּנָה (נ)
quartier (m) résidentiel	ʃχunat megurim	שְׁכוּנַת מְגוּרִים (נ)
trafic (m)	tnu'a	תְּנוּעָה (נ)
feux (m pl) de circulation	ramzor	רַמְזוֹר (ז)
transport (m) urbain	taχbura tsiburit	תַּחְבּוּרָה צִיבּוּרִית (נ)
carrefour (m)	'tsomet	צוֹמֶת (ז)
passage (m) piéton	ma'avar χatsaya	מַעֲבַר חֲצָיָה (ז)
passage (m) souterrain	ma'avar tat karka'i	מַעֲבַר תַּת־קַרְקָעִי (ז)
traverser (vt)	laχatsot	לַחֲצוֹת
piéton (m)	holeχ 'regel	הוֹלֵךְ רֶגֶל (ז)
trottoir (m)	midraχa	מִדְרָכָה (נ)
pont (m)	'geʃer	גֶּשֶׁר (ז)
quai (m)	ta'yelet	טַיֶּילֶת (נ)
fontaine (f)	mizraka	מִזְרָקָה (נ)
allée (f)	sdera	שְׂדֵרָה (נ)
parc (m)	park	פַּארְק (ז)
boulevard (m)	sdera	שְׂדֵרָה (נ)
place (f)	kikar	כִּיכָּר (נ)
avenue (f)	reχov raʃi	רְחוֹב רָאשִׁי (ז)
rue (f)	reχov	רְחוֹב (ז)
ruelle (f)	simta	סִמְטָה (נ)
impasse (f)	mavoi satum	מָבוֹי סָתוּם (ז)
maison (f)	'bayit	בַּיִת (ז)
édifice (m)	binyan	בִּנְיָין (ז)
gratte-ciel (m)	gored ʃχakim	גּוֹרֵד שְׁחָקִים (ז)
façade (f)	χazit	חֲזִית (נ)
toit (m)	gag	גַּג (ז)
fenêtre (f)	χalon	חַלּוֹן (ז)
arc (m)	'keʃet	קֶשֶׁת (נ)
colonne (f)	amud	עַמּוּד (ז)
coin (m)	pina	פִּינָה (נ)
vitrine (f)	χalon ra'ava	חַלּוֹן רַאֲוָוה (ז)
enseigne (f)	'ʃelet	שֶׁלֶט (ז)
affiche (f)	kraza	כְּרָזָה (נ)
affiche (f) publicitaire	'poster	פּוֹסְטֶר (ז)

panneau-réclame (m)	'luaχ pirsum	לוּחַ פִּרסוּם (ז)
ordures (f pl)	'zevel	זֶבֶל (ז)
poubelle (f)	paχ aʃpa	פַּח אַשפָּה (ז)
jeter à terre	lelaχleχ	לְלַכלֵך
décharge (f)	mizbala	מִזבָּלָה (נ)
cabine (f) téléphonique	ta 'telefon	תָא טֶלֶפוֹן (ז)
réverbère (m)	amud panas	עַמוּד פָּנָס (ז)
banc (m)	safsal	סַפסָל (ז)
policier (m)	ʃoter	שוֹטֵר (ז)
police (f)	miʃtara	מִשטָרָה (נ)
clochard (m)	kabtsan	קַבְּצָן (ז)
sans-abri (m)	χasar 'bayit	חֲסַר בַּיִת (ז)

29. Les institutions urbaines

magasin (m)	χanut	חֲנוּת (נ)
pharmacie (f)	beit mir'kaχat	בֵּית מִרקַחַת (ז)
opticien (m)	χanut miʃka'fayim	חֲנוּת מִשקָפַיִים (נ)
centre (m) commercial	kanyon	קַניוֹן (ז)
supermarché (m)	super'market	סוּפֶּרמַרקֶט (ז)
boulangerie (f)	ma'afiya	מַאֲפִייָה (נ)
boulanger (m)	ofe	אוֹפֶה (ז)
pâtisserie (f)	χanut mamtakim	חֲנוּת מַמתָקִים (נ)
épicerie (f)	ma'kolet	מַכּוֹלֶת (נ)
boucherie (f)	itliz	אִטלִיז (ז)
magasin (m) de légumes	χanut perot viyerakot	חֲנוּת פֵּירוֹת וִירָקוֹת (נ)
marché (m)	ʃuk	שוּק (ז)
salon (m) de café	beit kafe	בֵּית קָפֶה (ז)
restaurant (m)	mis'ada	מִסעָדָה (נ)
brasserie (f)	pab	פָּאבּ (ז)
pizzeria (f)	pi'tseriya	פִּיצֶרִייָה (נ)
salon (m) de coiffure	mispara	מִספָּרָה (נ)
poste (f)	'do'ar	דוֹאַר (ז)
pressing (m)	nikui yaveʃ	נִיקוּי יָבֵש (ז)
atelier (m) de photo	'studyo letsilum	סטוּדיוֹ לְצִילוּם (ז)
magasin (m) de chaussures	χanut na'a'layim	חֲנוּת נַעֲלַיִים (נ)
librairie (f)	χanut sfarim	חֲנוּת סְפָרִים (נ)
magasin (m) d'articles de sport	χanut sport	חֲנוּת ספּוֹרט (נ)
atelier (m) de retouche	χanut tikun bgadim	חֲנוּת תִיקוּן בּגָדִים (נ)
location (f) de vêtements	χanut haskarat bgadim	חֲנוּת הַשׂכָּרַת בּגָדִים (נ)
location (f) de films	χanut haʃalat sratim	חֲנוּת הַשאָלַת סרָטִים (נ)
cirque (m)	kirkas	קִרקָס (ז)
zoo (m)	gan hayot	גַן חַיוֹת (ז)
cinéma (m)	kol'no'a	קוֹלנוֹעַ (ז)
musée (m)	muze'on	מוּזֵיאוֹן (ז)

bibliothèque (f)	sifriya	סִפרִייָה (נ)
théâtre (m)	te'atron	תֵיאַטרוֹן (ז)
opéra (m)	beit 'opera	בֵּית אוֹפֶּרָה (ז)
boîte (f) de nuit	moʿadon 'laila	מוֹעֲדוֹן לַילָה (ז)
casino (m)	ka'zino	קָזִינוֹ (ז)
mosquée (f)	misgad	מִסגָד (ז)
synagogue (f)	beit 'kneset	בֵּית כְּנֶסֶת (ז)
cathédrale (f)	kated'rala	קָתֶדרָלָה (נ)
temple (m)	mikdaʃ	מִקדָשׁ (ז)
église (f)	knesiya	כְּנֵסִייָה (נ)
institut (m)	miχlala	מִכלָלָה (נ)
université (f)	uni'versita	אוּנִיבֶרסִיטָה (נ)
école (f)	beit 'sefer	בֵּית סֵפֶר (ז)
préfecture (f)	maχoz	מָחוֹז (ז)
mairie (f)	iriya	עִירִייָה (נ)
hôtel (m)	beit malon	בֵּית מָלוֹן (ז)
banque (f)	bank	בַּנק (ז)
ambassade (f)	ʃagrirut	שַגרִירוּת (נ)
agence (f) de voyages	soχnut nesiʿot	סוֹכנוּת נְסִיעוֹת (נ)
bureau (m) d'information	modiʿin	מוֹדִיעִין (ז)
bureau (m) de change	misrad hamarat mat'beʿa	מִשׂרַד הֲמָרַת מַטבֵּעַ (ז)
métro (m)	ra'kevet taχtit	רַכֶּבֶת תַחתִית (נ)
hôpital (m)	beit χolim	בֵּית חוֹלִים (ז)
station-service (f)	taχanat 'delek	תַחֲנַת דֶלֶק (נ)
parking (m)	migraʃ χanaya	מִגרַשׁ חֲנָיָה (ז)

30. Les enseignes. Les panneaux

enseigne (f)	'ʃelet	שֶׁלֶט (ז)
pancarte (f)	modaʿa	מוֹדָעָה (נ)
poster (m)	'poster	פּוֹסטֶר (ז)
indicateur (m) de direction	tamrur	תַמרוּר (ז)
flèche (f)	χets	חֵץ (ז)
avertissement (m)	azhara	אַזהָרָה (נ)
panneau d'avertissement	'ʃelet azhara	שֶׁלֶט אַזהָרָה (ז)
avertir (vt)	lehazhir	לְהַזהִיר
jour (m) de repos	yom 'χofeʃ	יוֹם חוֹפֶשׁ (ז)
horaire (m)	'luaχ zmanim	לוּחַ זמַנִים (ז)
heures (f pl) d'ouverture	ʃaʿot avoda	שְעוֹת עֲבוֹדָה (נ"ר)
BIENVENUE!	bruχim haba'im!	בְּרוּכִים הַבָּאִים!
ENTRÉE	knisa	כְּנִיסָה
SORTIE	yetsi'a	יְצִיאָה
POUSSER	dχof	דחוֹף
TIRER	mʃoχ	משוֹך

OUVERT	pa'tuaχ	פָּתוּחַ
FERMÉ	sagur	סָגוּר
FEMMES	lenaʃim	לְנָשִׁים
HOMMES	legvarim	לְגבָרִים
RABAIS	hanaχot	הֲנָחוֹת
SOLDES	mivtsa	מִבצָע
NOUVEAU!	χadaʃ!	חָדָש!
GRATUIT	χinam	חִינָם
ATTENTION!	sim lev!	שִׂים לֵב!
COMPLET	ein makom panui	אֵין מָקוֹם פָּנוּי
RÉSERVÉ	ʃamur	שָמוּר
ADMINISTRATION	hanhala	הַנהָלָה
RÉSERVÉ AU PERSONNEL	le'ovdim bilvad	לְעוֹבדִים בִּלבַד
ATTENTION CHIEN MÉCHANT	zehirut 'kelev noʃeχ!	זְהִירוּת, כֶּלֶב נוֹשֵך!
DÉFENSE DE FUMER	asur le'aʃen!	אָסוּר לְעַשֵן!
PRIÈRE DE NE PAS TOUCHER	lo lagaat!	לא לָגַעַת!
DANGEREUX	mesukan	מְסוּכָּן
DANGER	sakana	סַכָּנָה
HAUTE TENSION	'metaχ ga'voha	מֶתַח גָבוֹהַ
BAIGNADE INTERDITE	haraχatsa asura!	הָרַחְצָה אָסוּרָה!
HORS SERVICE	lo oved	לא עוֹבֵד
INFLAMMABLE	dalik	דָלִיק
INTERDIT	asur	אָסוּר
PASSAGE INTERDIT	asur la'avor	אָסוּר לַעֲבוֹר
PEINTURE FRAÎCHE	'tseva laχ	צֶבַע לַח

31. Le shopping

acheter (vt)	liknot	לִקנוֹת
achat (m)	kniya	קְנִייָה (נ)
faire des achats	la'leχet lekniyot	לָלֶכֶת לְקנִיוֹת
shopping (m)	ariχat kniyot	עֲרִיכַת קנִיוֹת (נ)
être ouvert	pa'tuaχ	פָּתוּחַ
être fermé	sagur	סָגוּר
chaussures (f pl)	na'a'layim	נַעֲלַיִים (נ"ר)
vêtement (m)	bgadim	בּגָדִים (ז"ר)
produits (m pl) de beauté	tamrukim	תַמרוּקִים (ז"ר)
produits (m pl) alimentaires	mutsrei mazon	מוּצרֵי מָזוֹן (ז"ר)
cadeau (m)	matana	מַתָנָה (נ)
vendeur (m)	moχer	מוֹכֵר (ז)
vendeuse (f)	mo'χeret	מוֹכֶרֶת (נ)
caisse (f)	kupa	קוּפָּה (נ)

miroir (m)	mar'a	מַראָה (נ)
comptoir (m)	duχan	דוּכָן (ז)
cabine (f) d'essayage	'χeder halbaʃa	חֶדֶר הַלבָּשָׁה (ז)
essayer (robe, etc.)	limdod	לִמדוֹד
aller bien (robe, etc.)	lehat'im	לְהַתאִים
plaire (être apprécié)	limtso χen be'ei'nayim	לִמצוֹא חֵן בְּעֵינַיִים
prix (m)	meχir	מְחִיר (ז)
étiquette (f) de prix	tag meχir	תָג מְחִיר (ז)
coûter (vt)	la'alot	לַעֲלוֹת
Combien?	'kama?	כַּמָה?
rabais (m)	hanaχa	הֲנָחָה (נ)
pas cher (adj)	lo yakar	לֹא יָקָר
bon marché (adj)	zol	זוֹל
cher (adj)	yakar	יָקָר
C'est cher	ze yakar	זֶה יָקָר
location (f)	haskara	הַשׂכָּרָה (נ)
louer (une voiture, etc.)	liskor	לִשׂכּוֹר
crédit (m)	aʃrai	אַשרַאי (ז)
à crédit (adv)	be'aʃrai	בְּאַשרַאי

LES VÊTEMENTS & LES ACCESSOIRES

32. Les vêtements d'extérieur

vêtement (m)	bgadim	בְּגָדִים (ז"ר)
survêtement (m)	levuʃ elyon	לְבוּשׁ עֶלְיוֹן (ז)
vêtement (m) d'hiver	bigdei 'χoref	בִּגְדֵי חוֹרֶף (ז"ר)
manteau (m)	me'il	מְעִיל (ז)
manteau (m) de fourrure	me'il parva	מְעִיל פַּרווָה (ז)
veste (f) de fourrure	me'il parva katsar	מְעִיל פַּרווָה קָצָר (ז)
manteau (m) de duvet	me'il puχ	מְעִיל פּוּךְ (ז)
veste (f) (~ en cuir)	me'il katsar	מְעִיל קָצָר (ז)
imperméable (m)	me'il 'geʃem	מְעִיל גֶּשֶׁם (ז)
imperméable (adj)	amid be'mayim	עָמִיד בְּמַיִם

33. Les vêtements

chemise (f)	χultsa	חוּלצָה (נ)
pantalon (m)	miχna'sayim	מִכְנָסַיִים (ז"ר)
jean (m)	miχnesei 'dʒins	מִכְנְסֵי ג'ינְס (ז"ר)
veston (m)	ʒaket	זָ'קֶט (ז)
complet (m)	χalifa	חֲלִיפָה (נ)
robe (f)	simla	שִׂמלָה (נ)
jupe (f)	χatsa'it	חֲצָאִית (נ)
chemisette (f)	χultsa	חוּלצָה (נ)
veste (f) en laine	ʒaket 'tsemer	זָ'קֶט צֶמֶר (ז)
jaquette (f), blazer (m)	ʒaket	זָ'קֶט (ז)
tee-shirt (m)	ti ʃert	טִי שֶׁרט (ז)
short (m)	miχna'sayim ktsarim	מִכְנָסַיִים קְצָרִים (ז"ר)
costume (m) de sport	'trening	טְרֶנִינג (ז)
peignoir (m) de bain	χaluk raχatsa	חֲלוּק רַחֲצָה (ז)
pyjama (m)	pi'dʒama	פִּיגָ'מָה (נ)
chandail (m)	'sveder	סְוֶודֶר (ז)
pull-over (m)	afuda	אֲפוּדָה (נ)
gilet (m)	vest	וֶסט (ז)
queue-de-pie (f)	frak	פרָאק (ז)
smoking (m)	tuk'sido	טוּקסִידוֹ (ז)
uniforme (m)	madim	מַדִּים (ז"ר)
tenue (f) de travail	bigdei avoda	בִּגְדֵי עֲבוֹדָה (ז"ר)
salopette (f)	sarbal	סַרבָּל (ז)
blouse (f) (d'un médecin)	χaluk	חָלוּק (ז)

34. Les sous-vêtements

sous-vêtements (m pl)	levanim	לְבָנִים (ז"ר)
boxer (m)	taχtonim	תַחתוֹנִים (ז"ר)
slip (m) de femme	taχtonim	תַחתוֹנִים (ז"ר)
maillot (m) de corps	gufiya	גוּפִייָה (נ)
chaussettes (f pl)	gar'bayim	גַרבַּיִים (ז"ר)
chemise (f) de nuit	'ktonet 'laila	כּתוֹנֶת לַילָה (נ)
soutien-gorge (m)	χaziya	חֲזִייָה (נ)
chaussettes (f pl) hautes	birkon	בִּרכּוֹן (ז)
collants (m pl)	garbonim	גַרבּוֹנִים (ז"ר)
bas (m pl)	garbei 'nailon	גַרבֵּי נַילוֹן (ז"ר)
maillot (m) de bain	'beged yam	בֶּגֶד יָם (ז)

35. Les chapeaux

chapeau (m)	'kova	כּוֹבַע (ז)
chapeau (m) feutre	'kova 'leved	כּוֹבַע לֶבֶד (ז)
casquette (f) de base-ball	'kova 'beisbol	כּוֹבַע בֵּייסבּוֹל (ז)
casquette (f)	'kova mitsχiya	כּוֹבַע מִצחִייָה (ז)
béret (m)	baret	בָּרֶט (ז)
capuche (f)	bardas	בַּרדָס (ז)
panama (m)	'kova 'tembel	כּוֹבַע טֶמבֶּל (ז)
bonnet (m) de laine	'kova 'gerev	כּוֹבַע גֶרֶב (ז)
foulard (m)	mit'paχat	מִטפַּחַת (נ)
chapeau (m) de femme	'kova	כּוֹבַע (ז)
casque (m) (d'ouvriers)	kasda	קַסדָה (נ)
calot (m)	kumta	כּוּמתָה (נ)
casque (m) (~ de moto)	kasda	קַסדָה (נ)
melon (m)	mig'ba'at me'u'gelet	מִגבַּעַת מְעוּגֶלֶת (נ)
haut-de-forme (m)	tsi'linder	צִילִינדֶר (ז)

36. Les chaussures

chaussures (f pl)	han'ala	הַנְעָלָה (נ)
bottines (f pl)	na'a'layim	נַעֲלַיִים (נ"ר)
souliers (m pl) (~ plats)	na'a'layim	נַעֲלַיִים (נ"ר)
bottes (f pl)	maga'fayim	מַגָפַיִים (ז"ר)
chaussons (m pl)	na'alei 'bayit	נַעֲלֵי בַּיִת (נ"ר)
tennis (m pl)	na'alei sport	נַעֲלֵי ספּוֹרט (נ"ר)
baskets (f pl)	na'alei sport	נַעֲלֵי ספּוֹרט (נ"ר)
sandales (f pl)	sandalim	סַנדָלִים (ז"ר)
cordonnier (m)	sandlar	סַנדלָר (ז)
talon (m)	akev	עָקֵב (ז)

paire (f)	zug	זוּג (ז)
lacet (m)	sroχ	שׂרוֹך (ז)
lacer (vt)	lisroχ	לִשׂרוֹך
chausse-pied (m)	kaf na'a'layim	כַּף נַעֲלַיִים (נ)
cirage (m)	miʃχat na'a'layim	מִשחַת נַעֲלַיִים (נ)

37. Les accessoires personnels

gants (m pl)	kfafot	כְּפָפוֹת (נ"ר)
moufles (f pl)	kfafot	כְּפָפוֹת (נ"ר)
écharpe (f)	tsa'if	צָעִיף (ז)
lunettes (f pl)	miʃka'fayim	מִשקְפַיִים (ז"ר)
monture (f)	mis'geret	מִסגֶרֶת (נ)
parapluie (m)	mitriya	מְטרִייָה (נ)
canne (f)	makel haliχa	מַקֵל הֲלִיכָה (ז)
brosse (f) à cheveux	miv'reʃet se'ar	מִברֶשֶת שֵׂיעָר (נ)
éventail (m)	menifa	מְנִיפָה (נ)
cravate (f)	aniva	עֲנִיבָה (נ)
nœud papillon (m)	anivat parpar	עֲנִיבַת פַּרפַּר (נ)
bretelles (f pl)	ktefiyot	כְּתֵפִיוֹת (נ"ר)
mouchoir (m)	mimχata	מִמחָטָה (נ)
peigne (m)	masrek	מַסרֵק (ז)
barrette (f)	sikat roʃ	סִיכַּת רֹאש (נ)
épingle (f) à cheveux	sikat se'ar	סִיכַּת שֵׂעָר (נ)
boucle (f)	avzam	אַבזָם (ז)
ceinture (f)	χagora	חֲגוֹרָה (נ)
bandoulière (f)	retsu'at katef	רְצוּעַת כָּתֵף (נ)
sac (m)	tik	תִיק (ז)
sac (m) à main	tik	תִיק (ז)
sac (m) à dos	tarmil	תַרמִיל (ז)

38. Les vêtements. Divers

mode (f)	ofna	אוֹפנָה (נ)
à la mode (adj)	ofnati	אוֹפנָתִי
couturier, créateur de mode	me'atsev ofna	מְעַצֵב אוֹפנָה (ז)
col (m)	tsavaron	צַוָוארוֹן (ז)
poche (f)	kis	כִּיס (ז)
de poche (adj)	ʃel kis	שֶל כִּיס
manche (f)	ʃarvul	שַרווּל (ז)
bride (f)	mitle	מִתלֶה (ז)
braguette (f)	χanut	חֲנוּת (נ)
fermeture (f) à glissière	roχsan	רוֹכסָן (ז)
agrafe (f)	'keres	קֶרֶס (ז)
bouton (m)	kaftor	כַּפתוֹר (ז)

boutonnière (f)	lula'a	לוּלָאָה (נ)
s'arracher (bouton)	lehitaleʃ	לְהִיתָלֵש
coudre (vi, vt)	litpor	לִתפּוֹר
broder (vt)	lirkom	לִרקוֹם
broderie (f)	rikma	רִקמָה (נ)
aiguille (f)	'maχat tfira	מַחַט תפִירָה (נ)
fil (m)	χut	חוּט (ז)
couture (f)	'tefer	תֶפֶר (ז)
se salir (vp)	lehitlaχleχ	לְהִתלַכלֵך
tache (f)	'ketem	כֶּתֶם (ז)
se froisser (vp)	lehitkamet	לְהִתקַמֵט
déchirer (vt)	lik'ro'a	לִקרוֹעַ
mite (f)	aʃ	עָש (ז)

39. L'hygiène corporelle. Les cosmétiques

dentifrice (m)	miʃχat ʃi'nayim	מִשחַת שִינַיִים (נ)
brosse (f) à dents	miv'reʃet ʃi'nayim	מִברֶשֶת שִינַיִים (נ)
se brosser les dents	letsaχ'tseaχ ʃi'nayim	לְצַחצֵחַ שִינַיִים
rasoir (m)	'ta'ar	תַעַר (ז)
crème (f) à raser	'ketsef gi'luaχ	קֶצֶף גִילוּחַ (ז)
se raser (vp)	lehitga'leaχ	לְהִתגַלֵחַ
savon (m)	sabon	סַבּוֹן (ז)
shampooing (m)	ʃampu	שַמפּוּ (ז)
ciseaux (m pl)	mispa'rayim	מִספָּרַיִים (ז"ר)
lime (f) à ongles	ptsira	פְּצִירָה (נ)
pinces (f pl) à ongles	gozez tsipor'nayim	גוֹזֵז צִיפּוֹרנַיִים (ז)
pince (f) à épiler	pin'tseta	פִּינצֶטָה (נ)
produits (m pl) de beauté	tamrukim	תַמרוּקִים (ז"ר)
masque (m) de beauté	maseχa	מַסֵכָה (נ)
manucure (f)	manikur	מָנִיקוּר (ז)
se faire les ongles	la'asot manikur	לַעֲשׂוֹת מָנִיקוּר
pédicurie (f)	pedikur	פֶּדִיקוּר (ז)
trousse (f) de toilette	tik ipur	תִיק אִיפּוּר (ז)
poudre (f)	'pudra	פּוּדרָה (נ)
poudrier (m)	pudriya	פּוּדרִייָה (נ)
fard (m) à joues	'somek	סוֹמֶק (ז)
parfum (m)	'bosem	בּוֹשֶׂם (ז)
eau (f) de toilette	mei 'bosem	מֵי בּוֹשֶׂם (ז"ר)
lotion (f)	mei panim	מֵי פָּנִים (ז"ר)
eau de Cologne (f)	mei 'bosem	מֵי בּוֹשֶׂם (ז"ר)
fard (m) à paupières	tslalit	צְלָלִית (נ)
crayon (m) à paupières	ai 'lainer	אַי לַיינֶר (ז)
mascara (m)	'maskara	מַסקָרָה (נ)
rouge (m) à lèvres	sfaton	שׂפָתוֹן (ז)

vernis (m) à ongles	'laka letsipor'nayim	לַכָּה לְצִיפּוֹרנַיִים (נ)
laque (f) pour les cheveux	tarsis lese'ar	תַרסִיס לְשֵׂיעָר (ז)
déodorant (m)	de'odo'rant	דֶאוֹדוֹרַנט (ז)
crème (f)	krem	קרֶם (ז)
crème (f) pour le visage	krem panim	קרֶם פָּנִים (ז)
crème (f) pour les mains	krem ya'dayim	קרֶם יָדַיִים (ז)
crème (f) anti-rides	krem 'neged kmatim	קרֶם נֶגֶד קמָטִים (ז)
crème (f) de jour	krem yom	קרֶם יוֹם (ז)
crème (f) de nuit	krem 'laila	קרֶם לַילָה (ז)
de jour (adj)	yomi	יוֹמִי
de nuit (adj)	leili	לֵילִי
tampon (m)	tampon	טַמפּוֹן (ז)
papier (m) de toilette	neyar tu'alet	נְייַר טוּאָלֶט (ז)
sèche-cheveux (m)	meyabeʃ se'ar	מְייַבֵּש שֵׂיעָר (ז)

40. Les montres. Les horloges

montre (f)	ʃe'on yad	שְעוֹן יָד (ז)
cadran (m)	'luaχ ʃa'on	לוּחַ שָעוֹן (ז)
aiguille (f)	maχog	מָחוֹג (ז)
bracelet (m)	tsamid	צָמִיד (ז)
bracelet (m) (en cuir)	retsu'a leʃa'on	רְצוּעָה לְשָעוֹן (נ)
pile (f)	solela	סוֹלְלָה (נ)
être déchargé	lehitroken	לְהִתרוֹקֵן
changer de pile	lehaχlif	לְהַחלִיף
avancer (vi)	lemaher	לְמַהֵר
retarder (vi)	lefager	לְפַגֵר
pendule (f)	ʃe'on kir	שְעוֹן קִיר (ז)
sablier (m)	ʃe'on χol	שְעוֹן חוֹל (ז)
cadran (m) solaire	ʃe'on 'ʃemeʃ	שְעוֹן שֶמֶש (ז)
réveil (m)	ʃa'on me'orer	שָעוֹן מְעוֹרֵר (ז)
horloger (m)	ʃa'an	שָעָן (ז)
réparer (vt)	letaken	לְתַקֵן

L'EXPÉRIENCE QUOTIDIENNE

41. L'argent

argent (m)	'kesef	כֶּסֶף (ז)
échange (m)	hamara	הֲמָרָה (נ)
cours (m) de change	'ʃa'ar χalifin	שַׁעַר חֲלִיפִין (ז)
distributeur (m)	kaspomat	כַּספּוֹמָט (ז)
monnaie (f)	mat'be'a	מַטבֵּעַ (ז)
dollar (m)	'dolar	דוֹלָר (ז)
euro (m)	'eiro	אֵירוֹ (ז)
lire (f)	'lira	לִירָה (נ)
mark (m) allemand	mark germani	מַרק גֶרמָנִי (ז)
franc (m)	frank	פרַנק (ז)
livre sterling (f)	'lira 'sterling	לִירָה שטֶרלִינג (נ)
yen (m)	yen	יֶן (ז)
dette (f)	χov	חוֹב (ז)
débiteur (m)	'ba'al χov	בַּעַל חוֹב (ז)
prêter (vt)	lehalvot	לְהַלווֹת
emprunter (vt)	lilvot	לִלווֹת
banque (f)	bank	בַּנק (ז)
compte (m)	χeʃbon	חֶשבּוֹן (ז)
verser (dans le compte)	lehafkid	לְהַפקִיד
verser dans le compte	lehafkid leχeʃbon	לְהַפקִיד לְחֶשבּוֹן
retirer du compte	limʃoχ meχeʃbon	לִמשוֹך מֵחֶשבּוֹן
carte (f) de crédit	kartis aʃrai	כַּרטִיס אַשרַאי (ז)
espèces (f pl)	mezuman	מְזוּמָן
chèque (m)	ʧek	צֶ'ק (ז)
faire un chèque	liχtov ʧek	לִכתוֹב צֶ'ק
chéquier (m)	pinkas 'ʧekim	פִּנקָס צֶ'קִים (ז)
portefeuille (m)	arnak	אַרנָק (ז)
bourse (f)	arnak lematbe''ot	אַרנָק לְמַטבְּעוֹת (ז)
coffre fort (m)	ka'sefet	כַּסֶפֶת (נ)
héritier (m)	yoreʃ	יוֹרֵש (ז)
héritage (m)	yeruʃa	יְרוּשָה (נ)
fortune (f)	'oʃer	עוֹשֶר (ז)
location (f)	χoze sχirut	חוֹזֶה שׂכִירוּת (ז)
loyer (m) (argent)	sχar dira	שׂכַר דִירָה (ז)
louer (prendre en location)	liskor	לִשׂכּוֹר
prix (m)	meχir	מְחִיר (ז)
coût (m)	alut	עָלוּת (נ)

somme (f)	sχum	סכום (ז)
dépenser (vt)	lehotsi	לְהוֹצִיא
dépenses (f pl)	hotsa'ot	הוֹצָאוֹת (נ״ר)
économiser (vt)	laχasoχ	לַחֲסוֹך
économe (adj)	χesχoni	חֶסכוֹנִי
payer (régler)	leʃalem	לְשַלֵם
paiement (m)	taʃlum	תַשלוּם (ז)
monnaie (f) (rendre la ~)	'odef	עוֹדֶף (ז)
impôt (m)	mas	מַס (ז)
amende (f)	knas	קְנָס (ז)
mettre une amende	liknos	לִקנוֹס

42. La poste. Les services postaux

poste (f)	'do'ar	דוֹאַר (ז)
courrier (m) (lettres, etc.)	'do'ar	דוֹאַר (ז)
facteur (m)	davar	דַוָור (ז)
heures (f pl) d'ouverture	ʃa'ot avoda	שְעוֹת עֲבוֹדָה (נ״ר)
lettre (f)	miχtav	מִכתָב (ז)
recommandé (m)	miχtav raʃum	מִכתָב רָשוּם (ז)
carte (f) postale	gluya	גלוּיָה (נ)
télégramme (m)	mivrak	מִברָק (ז)
colis (m)	χavila	חֲבִילָה (נ)
mandat (m) postal	ha'avarat ksafim	הַעֲבָרַת כְּסָפִים (נ)
recevoir (vt)	lekabel	לְקַבֵּל
envoyer (vt)	liʃloaχ	לִשלוֹחַ
envoi (m)	ʃliχa	שלִיחָה (ז)
adresse (f)	'ktovet	כּתוֹבֶת (נ)
code (m) postal	mikud	מִיקוּד (ז)
expéditeur (m)	ʃo'leaχ	שוֹלֵחַ (ז)
destinataire (m)	nim'an	נִמעָן (ז)
prénom (m)	ʃem prati	שֵם פּרָטִי (ז)
nom (m) de famille	ʃem miʃpaχa	שֵם מִשפָּחָה (ז)
tarif (m)	ta'arif	תַעֲרִיף (ז)
normal (adj)	ragil	רָגִיל
économique (adj)	χesχoni	חֶסכוֹנִי
poids (m)	miʃkal	מִשקָל (ז)
peser (~ les lettres)	liʃkol	לִשקוֹל
enveloppe (f)	ma'atafa	מַעֲטָפָה (נ)
timbre (m)	bul 'do'ar	בּוּל דוֹאַר (ז)
timbrer (vt)	lehadbik bul	לְהַדבִּיק בּוּל

43. Les opérations bancaires

banque (f)	bank	בַּנק (ז)
agence (f) bancaire	snif	סנִיף (ז)

conseiller (m) yo'ets יוֹעֵץ (ז)
gérant (m) menahel מְנַהֵל (ז)

compte (m) χeʃbon חֶשבּוֹן (ז)
numéro (m) du compte mispar χeʃbon מִספַּר חֶשבּוֹן (ז)
compte (m) courant χeʃbon over vaʃav חֶשבּוֹן עוֹבֵר וָשָב (ז)
compte (m) sur livret χeʃbon χisaχon חֶשבּוֹן חִסָכוֹן (ז)

ouvrir un compte lif'toaχ χeʃbon לִפתוֹחַ חֶשבּוֹן
clôturer le compte lisgor χeʃbon לִסגוֹר חֶשבּוֹן
verser dans le compte lehafkid leχeʃbon לְהַפקִיד לְחֶשבּוֹן
retirer du compte limʃoχ meχeʃbon לִמשוֹך מֵחֶשבּוֹן

dépôt (m) pikadon פִּיקָדוֹן (ז)
faire un dépôt lehafkid לְהַפקִיד
virement (m) bancaire ha'avara banka'it הַעֲבָרָה בַּנקָאִית (נ)
faire un transfert leha'avir 'kesef לְהַעֲבִיר כֶּסֶף

somme (f) sχum סכוּם (ז)
Combien? 'kama? כַּמָה?

signature (f) χatima חֲתִימָה (נ)
signer (vt) laχtom לַחתוֹם

carte (f) de crédit kartis aʃrai כַּרטִיס אַשרַאי (ז)
code (m) kod קוֹד (ז)
numéro (m) de carte de crédit mispar kartis aʃrai מִספַּר כַּרטִיס אַשרַאי (ז)
distributeur (m) kaspomat כַּספּוֹמָט (ז)

chèque (m) ʧek צֶ'ק (ז)
faire un chèque liχtov ʧek לִכתוֹב צֶ'ק
chéquier (m) pinkas 'ʧekim פִּנקָס צֶ'קִים (ז)

crédit (m) halva'a הַלוָואָה (נ)
demander un crédit levakeʃ halva'a לְבַקֵש הַלוָואָה
prendre un crédit lekabel halva'a לְקַבֵּל הַלוָואָה
accorder un crédit lehalvot לְהַלווֹת
gage (m) arvut עַרבוּת (נ)

44. Le téléphone. La conversation téléphonique

téléphone (m) 'telefon טֶלֶפוֹן (ז)
portable (m) 'telefon nayad טֶלֶפוֹן נַייָד (ז)
répondeur (m) meʃivon מְשִיבוֹן (ז)

téléphoner, appeler letsaltsel לְצַלצֵל
appel (m) siχat 'telefon שִׂיחַת טֶלֶפוֹן (נ)

composer le numéro leχayeg mispar לְחַייֵג מִספָּר
Allô! 'halo! הַלוֹ!
demander (~ l'heure) liʃol לִשאוֹל
répondre (vi, vt) la'anot לַעֲנוֹת
entendre (bruit, etc.) liʃmo'a לִשמוֹעַ
bien (adv) tov טוֹב

mal (adv)	lo tov	לא טוֹב
bruits (m pl)	hafra'ot	הַפרָעוֹת (נ״ר)
récepteur (m)	ʃfo'feret	שפוֹפֶרֶת (נ)
décrocher (vt)	leharim ʃfo'feret	לְהָרִים שפוֹפֶרֶת
raccrocher (vi)	leha'niaχ ʃfo'feret	לְהָנִיחַ שפוֹפֶרֶת
occupé (adj)	tafus	תָפוּס
sonner (vi)	letsaltsel	לְצַלצֵל
carnet (m) de téléphone	'sefer tele'fonim	סֵפֶר טֶלֶפוֹנִים (ז)
local (adj)	mekomi	מְקוֹמִי
appel (m) local	siχa mekomit	שִׂיחָה מְקוֹמִית (נ)
interurbain (adj)	bein ironi	בֵּין עִירוֹנִי
appel (m) interurbain	siχa bein ironit	שִׂיחָה בֵּין עִירוֹנִית (נ)
international (adj)	benle'umi	בֵּינלְאוּמִי
appel (m) international	siχa benle'umit	שִׂיחָה בֵּינלְאוּמִית (נ)

45. Le téléphone portable

portable (m)	'telefon nayad	טֶלֶפוֹן נַייָד (ז)
écran (m)	masaχ	מָסָך (ז)
bouton (m)	kaftor	כַּפתוֹר (ז)
carte SIM (f)	kartis sim	כַּרטִיס סִים (ז)
pile (f)	solela	סוֹלְלָה (נ)
être déchargé	lehitroken	לְהִתרוֹקֵן
chargeur (m)	mit'an	מְטַעֵן (ז)
menu (m)	tafrit	תַפרִיט (ז)
réglages (m pl)	hagdarot	הַגדָרוֹת (נ״ר)
mélodie (f)	mangina	מַנגִינָה (נ)
sélectionner (vt)	livχor	לִבחוֹר
calculatrice (f)	maχʃevon	מַחשְבוֹן (ז)
répondeur (m)	ta koli	תָא קוֹלִי (ז)
réveil (m)	ʃa'on me'orer	שָעוֹן מְעוֹרֵר (ז)
contacts (m pl)	anʃei 'keʃer	אַנשֵי קֶשֶר (ז״ר)
SMS (m)	misron	מִסרוֹן (ז)
abonné (m)	manui	מָנוּי (ז)

46. La papeterie

stylo (m) à bille	et kaduri	עֵט כַּדוּרִי (ז)
stylo (m) à plume	et no've'a	עֵט נוֹבֵעַ (ז)
crayon (m)	iparon	עִיפָּרוֹן (ז)
marqueur (m)	'marker	מַרקֶר (ז)
feutre (m)	tuʃ	טוּש (ז)
bloc-notes (m)	pinkas	פִּנקָס (ז)
agenda (m)	yoman	יוֹמָן (ז)

règle (f)	sargel	סַרְגֵל (ז)
calculatrice (f)	maχʃevon	מַחשְבוֹן (ז)
gomme (f)	'maχak	מַחַק (ז)
punaise (f)	'na'ats	נַעַץ (ז)
trombone (m)	mehadek	מְהַדֵק (ז)
colle (f)	'devek	דֶבֶק (ז)
agrafeuse (f)	ʃadχan	שַדכָן (ז)
perforateur (m)	menakev	מְנַקֵב (ז)
taille-crayon (m)	maχded	מַחדֵד (ז)

47. Les langues étrangères

langue (f)	safa	שָׂפָה (נ)
étranger (adj)	zar	זָר
langue (f) étrangère	safa zara	שָׂפָה זָרָה (נ)
étudier (vt)	lilmod	ללמוד
apprendre (~ l'arabe)	lilmod	ללמוד
lire (vi, vt)	likro	לִקרוֹא
parler (vi, vt)	ledaber	לְדַבֵּר
comprendre (vt)	lehavin	לְהָבִין
écrire (vt)	liχtov	לִכתוֹב
vite (adv)	maher	מַהֵר
lentement (adv)	le'at	לְאַט
couramment (adv)	χofʃi	חוֹפשִי
règles (f pl)	klalim	כּלָלִים (ז"ר)
grammaire (f)	dikduk	דִקדוּק (ז)
vocabulaire (m)	otsar milim	אוֹצָר מִילִים (ז)
phonétique (f)	torat ha'hege	תוֹרַת הַהֶגֶה (נ)
manuel (m)	'sefer limud	סֵפֶר לִימוּד (ז)
dictionnaire (m)	milon	מִילוֹן (ז)
manuel (m) autodidacte	'sefer lelimud atsmi	סֵפֶר לְלִימוּד עַצמִי (ז)
guide (m) de conversation	siχon	שִׂיחוֹן (ז)
cassette (f)	ka'letet	קַלֶטֶת (נ)
cassette (f) vidéo	ka'letet 'vide'o	קַלֶטֶת וִידֵיאוֹ (נ)
CD (m)	taklitor	תַקלִיטוֹר (ז)
DVD (m)	di vi di	דִי. וִי. דִי. (ז)
alphabet (m)	alefbeit	אָלֶפבֵּית (ז)
épeler (vt)	le'ayet	לְאַייֵת
prononciation (f)	hagiya	הֲגִייָה (נ)
accent (m)	mivta	מִבטָא (ז)
avec un accent	im mivta	עִם מִבטָא
sans accent	bli mivta	בּלִי מִבטָא
mot (m)	mila	מִילָה (נ)
sens (m)	maʃma'ut	מַשמָעוּת (נ)
cours (m pl)	kurs	קוּרס (ז)

s'inscrire (vp)	leheraʃem lekurs	לְהֵירָשֵׁם לְקוּרס
professeur (m) (~ d'anglais)	more	מוֹרֶה (ז)
traduction (f) (action)	tirgum	תִרגוּם (ז)
traduction (f) (texte)	tirgum	תִרגוּם (ז)
traducteur (m)	metargem	מְתַרגֵם (ז)
interprète (m)	meturgeman	מְתוּרגְמָן (ז)
polyglotte (m)	poliglot	פּוֹלִיגלוֹט (ז)
mémoire (f)	zikaron	זִיכָּרוֹן (ז)

LES REPAS. LE RESTAURANT

48. Le dressage de la table

cuillère (f)	kaf	כַּף (נ)
couteau (m)	sakin	סַכִּין (ז, נ)
fourchette (f)	mazleg	מַזלֵג (ז)
tasse (f)	'sefel	סֵפֶל (ז)
assiette (f)	tsa'laχat	צַלַחַת (נ)
soucoupe (f)	taχtit	תַחתִית (נ)
serviette (f)	mapit	מַפִּית (נ)
cure-dent (m)	keisam ʃi'nayim	קֵיסָם שִינַיִים (ז)

49. Le restaurant

restaurant (m)	mis'ada	מִסעָדָה (נ)
salon (m) de café	beit kafe	בֵּית קָפֶה (ז)
bar (m)	bar, pab	בָּר, פָּאבּ (ז)
salon (m) de thé	beit te	בֵּית תֵה (ז)
serveur (m)	meltsar	מֶלצָר (ז)
serveuse (f)	meltsarit	מֶלצָרִית (נ)
barman (m)	'barmen	בַּרמֶן (ז)
carte (f)	tafrit	תַפרִיט (ז)
carte (f) des vins	reʃimat yeynot	רְשִימַת יֵינוֹת (נ)
réserver une table	lehazmin ʃulχan	לְהַזמִין שוּלחָן
plat (m)	mana	מָנָה (נ)
commander (vt)	lehazmin	לְהַזמִין
faire la commande	lehazmin	לְהַזמִין
apéritif (m)	maʃke meta'aven	מַשקֶה מְתַאֲבֵן (ז)
hors-d'œuvre (m)	meta'aven	מְתַאֲבֵן (ז)
dessert (m)	ki'nuaχ	קִינוּחַ (ז)
addition (f)	χeʃbon	חֶשבּוֹן (ז)
régler l'addition	leʃalem	לְשַלֵם
rendre la monnaie	latet 'odef	לָתֵת עוֹדֶף
pourboire (m)	tip	טִיפּ (ז)

50. Les repas

nourriture (f)	'oχel	אוֹכֶל (ז)
manger (vi, vt)	le'eχol	לֶאֱכוֹל

petit déjeuner (m)	aruχat 'boker	אֲרוּחַת בּוֹקֶר (נ)
prendre le petit déjeuner	le'eχol aruχat 'boker	לֶאֱכוֹל אֲרוּחַת בּוֹקֶר
déjeuner (m)	aruχat tsaha'rayim	אֲרוּחַת צָהֳרַיִים (נ)
déjeuner (vi)	le'eχol aruχat tsaha'rayim	לֶאֱכוֹל אֲרוּחַת צָהֳרַיִים
dîner (m)	aruχat 'erev	אֲרוּחַת עֶרֶב (נ)
dîner (vi)	le'eχol aruχat 'erev	לֶאֱכוֹל אֲרוּחַת עֶרֶב
appétit (m)	te'avon	תֵיאָבוֹן (ז)
Bon appétit!	betei'avon!	בְּתֵיאָבוֹן!
ouvrir (vt)	lif'toaχ	לִפתוֹחַ
renverser (liquide)	liʃpoχ	לִשפּוֹך
se renverser (liquide)	lehiʃapeχ	לְהִישָפֵך
bouillir (vi)	lir'toaχ	לִרתוֹחַ
faire bouillir	lehar'tiaχ	לְהַרתִיחַ
bouilli (l'eau ~e)	ra'tuaχ	רָתוּחַ
refroidir (vt)	lekarer	לְקָרֵר
se refroidir (vp)	lehitkarer	לְהִתקָרֵר
goût (m)	'ta'am	טַעַם (ז)
arrière-goût (m)	'ta'am levai	טַעַם לְוַואי (ז)
suivre un régime	lirzot	לִרזוֹת
régime (m)	di"eta	דִיאֶטָה (נ)
vitamine (f)	vitamin	וִיטָמִין (ז)
calorie (f)	ka'lorya	קָלוֹרִיָה (נ)
végétarien (m)	tsimχoni	צִמחוֹנִי (ז)
végétarien (adj)	tsimχoni	צִמחוֹנִי
lipides (m pl)	ʃumanim	שוּמָנִים (ז"ר)
protéines (f pl)	χelbonim	חֶלבּוֹנִים (ז"ר)
glucides (m pl)	paχmema	פַּחמֵימָה (נ)
tranche (f)	prusa	פּרוּסָה (נ)
morceau (m)	χatiχa	חֲתִיכָה (נ)
miette (f)	perur	פֵּירוּר (ז)

51. Les plats cuisinés

plat (m)	mana	מָנָה (נ)
cuisine (f)	mitbaχ	מִטבָּח (ז)
recette (f)	matkon	מַתכּוֹן (ז)
portion (f)	mana	מָנָה (נ)
salade (f)	salat	סָלָט (ז)
soupe (f)	marak	מָרָק (ז)
bouillon (m)	marak tsaχ, tsir	מָרָק צַח, צִיר (ז)
sandwich (m)	kariχ	כָּרִיך (ז)
les œufs brouillés	beitsat ain	בֵּיצַת עַיִן (נ)
hamburger (m)	'hamburger	הַמבּוּרגֶר (ז)
steak (m)	umtsa, steik	אוּמצָה (נ), סטֵייק (ז)
garniture (f)	to'sefet	תוֹסֶפֶת (נ)

spaghettis (m pl)	spa'geti	ספָּגֶטִי (ז)
purée (f)	meχit tapuχei adama	מְחִית תַּפּוּחֵי אֲדָמָה (נ)
pizza (f)	'pitsa	פִּיצָה (נ)
bouillie (f)	daysa	דַייסָה (נ)
omelette (f)	χavita	חֲבִיתָה (נ)
cuit à l'eau (adj)	mevuʃal	מְבוּשָל
fumé (adj)	me'uʃan	מְעוּשָן
frit (adj)	metugan	מְטוּגָן
sec (adj)	meyubaʃ	מְיוּבָּש
congelé (adj)	kafu	קָפוּא
mariné (adj)	kavuʃ	כָּבוּש
sucré (adj)	matok	מָתוֹק
salé (adj)	ma'luaχ	מָלוּחַ
froid (adj)	kar	קַר
chaud (adj)	χam	חַם
amer (adj)	marir	מָרִיר
bon (savoureux)	ta'im	טָעִים
cuire à l'eau	levaʃel be'mayim rotχim	לְבַשֵל בְּמַיִם רוֹתחִים
préparer (le dîner)	levaʃel	לְבַשֵל
faire frire	letagen	לְטַגֵן
réchauffer (vt)	leχamem	לְחַמֵם
saler (vt)	leham'liaχ	לְהַמלִיחַ
poivrer (vt)	lefalpel	לְפַלפֵל
râper (vt)	lerasek	לְרַסֵק
peau (f)	klipa	קלִיפָּה (נ)
éplucher (vt)	lekalef	לְקַלֵף

52. Les aliments

viande (f)	basar	בָּשָׂר (ז)
poulet (m)	of	עוֹף (ז)
poulet (m) (poussin)	pargit	פַּרגִית (נ)
canard (m)	barvaz	בַּרווָז (ז)
oie (f)	avaz	אַווָז (ז)
gibier (m)	'tsayid	צַיִד (ז)
dinde (f)	'hodu	הוֹדוּ (ז)
du porc	basar χazir	בְּשַׂר חֲזִיר (ז)
du veau	basar 'egel	בְּשַׂר עֵגֶל (ז)
du mouton	basar 'keves	בְּשַׂר כֶּבֶש (ז)
du bœuf	bakar	בָּקָר (ז)
lapin (m)	arnav	אַרנָב (ז)
saucisson (m)	naknik	נַקנִיק (ז)
saucisse (f)	naknikiya	נַקנִיקִייָה (נ)
bacon (m)	'kotel χazir	קוֹתֶל חֲזִיר (ז)
jambon (m)	basar χazir me'uʃan	בְּשַׂר חֲזִיר מְעוּשָן (ז)
cuisse (f)	'kotel χazir me'uʃan	קוֹתֶל חֲזִיר מְעוּשָן (ז)
pâté (m)	pate	פָּטֶה (ז)
foie (m)	kaved	כָּבֵד (ז)

farce (f) — basar taχun — בָּשָׂר טָחוּן (ז)
langue (f) — laʃon — לָשׁוֹן (נ)

œuf (m) — beitsa — בֵּיצָה (נ)
les œufs — beitsim — בֵּיצִים (נ"ר)
blanc (m) d'œuf — χelbon — חֶלְבּוֹן (ז)
jaune (m) d'œuf — χelmon — חֶלְמוֹן (ז)

poisson (m) — dag — דָג (ז)
fruits (m pl) de mer — perot yam — פֵּירוֹת יָם (ז"ר)
crustacés (m pl) — sartana'im — סַרטָנָאִים (ז"ר)
caviar (m) — kavyar — קַווִיָאר (ז)

crabe (m) — sartan yam — סַרטָן יָם (ז)
crevette (f) — ʃrimps — שׁרִימפּס (ז"ר)
huître (f) — tsidpat ma'aχal — צִדפַּת מַאֲכָל (נ)
langoustine (f) — 'lobster kotsani — לוֹבּסטֶר קוֹצָנִי (ז)
poulpe (m) — tamnun — תְּמנוּן (ז)
calamar (m) — kala'mari — קָלָמָארִי (ז)

esturgeon (m) — basar haχidkan — בְּשַׂר הַחִדקָן (ז)
saumon (m) — 'salmon — סַלמוֹן (ז)
flétan (m) — putit — פּוּטִית (נ)

morue (f) — ʃibut — שִׁיבּוּט (ז)
maquereau (m) — kolyas — קוֹלִייָס (ז)
thon (m) — 'tuna — טוּנָה (נ)
anguille (f) — tslofaχ — צְלוֹפָח (ז)

truite (f) — forel — פוֹרֶל (ז)
sardine (f) — sardin — סַרדִין (ז)
brochet (m) — ze'ev 'mayim — זְאֵב מַיִם (ז)
hareng (m) — ma'liaχ — מָלִיחַ (ז)

pain (m) — 'leχem — לֶחֶם (ז)
fromage (m) — gvina — גבִינָה (נ)
sucre (m) — sukar — סוּכָּר (ז)
sel (m) — 'melaχ — מֶלַח (ז)

riz (m) — 'orez — אוֹרֶז (ז)
pâtes (m pl) — 'pasta — פַּסטָה (נ)
nouilles (f pl) — irtiyot — אִטרִיוֹת (נ"ר)

beurre (m) — χem'a — חֶמאָה (נ)
huile (f) végétale — 'ʃemen tsimχi — שֶׁמֶן צִמחִי (ז)
huile (f) de tournesol — 'ʃemen χamaniyot — שֶׁמֶן חַמָנִיוֹת (ז)
margarine (f) — marga'rina — מַרגָרִינָה (נ)

olives (f pl) — zeitim — זֵיתִים (ז"ר)
huile (f) d'olive — 'ʃemen 'zayit — שֶׁמֶן זַיִת (ז)

lait (m) — χalav — חָלָב (ז)
lait (m) condensé — χalav merukaz — חָלָב מְרוּכָּז (ז)
yogourt (m) — 'yogurt — יוֹגוּרט (ז)
crème (f) aigre — ʃa'menet — שַׁמֶנֶת (נ)
crème (f) (de lait) — ʃa'menet — שַׁמֶנֶת (נ)

sauce (f) mayonnaise	mayonez	מָיוֹנֶז (ז)
crème (f) au beurre	ka'tsefet χem'a	קֶצֶפֶת חֶמְאָה (נ)
gruau (m)	grisim	גְרִיסִים (ז"ר)
farine (f)	'kemaχ	קֶמַח (ז)
conserves (f pl)	ʃimurim	שִימוּרִים (ז"ר)
pétales (m pl) de maïs	ptitei 'tiras	פתִיתֵי תִירָס (ז"ר)
miel (m)	dvaʃ	דבַש (ז)
confiture (f)	riba	רִיבָּה (נ)
gomme (f) à mâcher	'mastik	מַסטִיק (ז)

53. Les boissons

eau (f)	'mayim	מַיִם (ז"ר)
eau (f) potable	mei ʃtiya	מֵי שתִיָיה (ז"ר)
eau (f) minérale	'mayim mine'raliyim	מַיִם מִינֶרָלִיִים (ז"ר)
plate (adj)	lo mugaz	לא מוּגָז
gazeuse (l'eau ~)	mugaz	מוּגָז
pétillante (adj)	mugaz	מוּגָז
glace (f)	'keraχ	קֶרַח (ז)
avec de la glace	im 'keraχ	עִם קֶרַח
sans alcool	natul alkohol	נְטוּל אַלכּוֹהוֹל
boisson (f) non alcoolisée	maʃke kal	מַשקֶה קַל (ז)
rafraîchissement (m)	maʃke mera'anen	מַשקֶה מְרַעֲנֵן (ז)
limonade (f)	limo'nada	לִימוֹנָדָה (נ)
boissons (f pl) alcoolisées	maʃka'ot χarifim	מַשקָאוֹת חָרִיפִים (ז"ר)
vin (m)	'yayin	יַיִן (ז)
vin (m) blanc	'yayin lavan	יַיִן לָבָן (ז)
vin (m) rouge	'yayin adom	יַיִן אָדוֹם (ז)
liqueur (f)	liker	לִיקֶר (ז)
champagne (m)	ʃam'panya	שַמפַּניָה (נ)
vermouth (m)	'vermut	וֶרמוּט (ז)
whisky (m)	'viski	וִיסקִי (ז)
vodka (f)	'vodka	ווֹדקָה (נ)
gin (m)	dʒin	ג'ִין (ז)
cognac (m)	'konyak	קוֹניָאק (ז)
rhum (m)	rom	רוֹם (ז)
café (m)	kafe	קָפֶה (ז)
café (m) noir	kafe ʃaχor	קָפֶה שָחוֹר (ז)
café (m) au lait	kafe hafuχ	קָפֶה הָפוּך (ז)
cappuccino (m)	kapu'tʃino	קָפּוּצִ'ינוֹ (ז)
café (m) soluble	kafe names	קָפֶה נָמֵס (ז)
lait (m)	χalav	חָלָב (ז)
cocktail (m)	kokteil	קוֹקטֵייל (ז)
cocktail (m) au lait	'milkʃeik	מִילקשֵייק (ז)
jus (m)	mits	מִיץ (ז)

jus (m) de tomate	mits agvaniyot	מִיץ עַגבָנִיוֹת (ז)
jus (m) d'orange	mits tapuzim	מִיץ תַפּוּזִים (ז)
jus (m) pressé	mits saχut	מִיץ סָחוּט (ז)
bière (f)	'bira	בִּירָה (נ)
bière (f) blonde	'bira bahira	בִּירָה בָּהִירָה (נ)
bière (f) brune	'bira keha	בִּירָה כֵּהָה (נ)
thé (m)	te	תֵה (ז)
thé (m) noir	te ʃaχor	תֵה שָחוֹר (ז)
thé (m) vert	te yarok	תֵה יָרוֹק (ז)

54. Les légumes

légumes (m pl)	yerakot	יְרָקוֹת (ז"ר)
verdure (f)	'yerek	יֶרֶק (ז)
tomate (f)	agvaniya	עַגבָנִייָה (נ)
concombre (m)	melafefon	מְלָפְפוֹן (ז)
carotte (f)	'gezer	גֶזֶר (ז)
pomme (f) de terre	ta'puaχ adama	תַפּוּחַ אֲדָמָה (ז)
oignon (m)	batsal	בָּצָל (ז)
ail (m)	ʃum	שוּם (ז)
chou (m)	kruv	כְּרוּב (ז)
chou-fleur (m)	kruvit	כְּרוּבִית (נ)
chou (m) de Bruxelles	kruv nitsanim	כְּרוּב נִצָנִים (ז)
brocoli (m)	'brokoli	בְּרוֹקוֹלִי (ז)
betterave (f)	'selek	סֶלֶק (ז)
aubergine (f)	χatsil	חָצִיל (ז)
courgette (f)	kiʃu	קִישוּא (ז)
potiron (m)	'dla'at	דלַעַת (נ)
navet (m)	'lefet	לֶפֶת (נ)
persil (m)	petro'zilya	פֶטרוֹזִילִיָה (נ)
fenouil (m)	ʃamir	שָמִיר (ז)
laitue (f) (salade)	'χasa	חַסָה (נ)
céleri (m)	'seleri	סֶלֶרִי (ז)
asperge (f)	aspa'ragos	אַספָּרָגוֹס (ז)
épinard (m)	'tered	תֶרֶד (ז)
pois (m)	afuna	אֲפוּנָה (נ)
fèves (f pl)	pol	פּוֹל (ז)
maïs (m)	'tiras	תִירָס (ז)
haricot (m)	ʃu'it	שְעוּעִית (נ)
poivron (m)	'pilpel	פִּלפֵּל (ז)
radis (m)	tsnonit	צנוֹנִית (נ)
artichaut (m)	artiʃok	אַרטִישוֹק (ז)

55. Les fruits. Les noix

fruit (m)	pri	פְּרִי (ז)
pomme (f)	ta'puaχ	תַפּוּחַ (ז)
poire (f)	agas	אַגָס (ז)
citron (m)	limon	לִימוֹן (ז)
orange (f)	tapuz	תַפּוּז (ז)
fraise (f)	tut sade	תוּת שָׂדֶה (ז)
mandarine (f)	klemen'tina	קְלֶמֶנְטִינָה (נ)
prune (f)	ʃezif	שָׁזִיף (ז)
pêche (f)	afarsek	אֲפַרסֵק (ז)
abricot (m)	'miʃmeʃ	מִשְׁמֵשׁ (ז)
framboise (f)	'petel	פֶּטֶל (ז)
ananas (m)	'ananas	אָנָנָס (ז)
banane (f)	ba'nana	בָּנָנָה (נ)
pastèque (f)	ava'tiaχ	אֲבַטִיחַ (ז)
raisin (m)	anavim	עֲנָבִים (ז"ר)
cerise (f)	duvdevan	דוּבדְבָן (ז)
merise (f)	gudgedan	גוּדגְדָן (ז)
melon (m)	melon	מֶלוֹן (ז)
pamplemousse (m)	eʃkolit	אֶשׁכּוֹלִית (נ)
avocat (m)	avo'kado	אָבוֹקָדוֹ (ז)
papaye (f)	pa'paya	פַּפָּאיָה (נ)
mangue (f)	'mango	מַנגוֹ (ז)
grenade (f)	rimon	רִימוֹן (ז)
groseille (f) rouge	dumdemanit aduma	דוּמדְמָנִית אֲדוּמָה (נ)
cassis (m)	dumdemanit ʃχora	דוּמדְמָנִית שחוֹרָה (נ)
groseille (f) verte	χazarzar	חֲזַרזָר (ז)
myrtille (f)	uχmanit	אוּכמָנִית (נ)
mûre (f)	'petel ʃaχor	פֶּטֶל שָׁחוֹר (ז)
raisin (m) sec	tsimukim	צִימוּקִים (ז"ר)
figue (f)	te'ena	תְאֵנָה (נ)
datte (f)	tamar	תָמָר (ז)
cacahuète (f)	botnim	בּוֹטנִים (ז"ר)
amande (f)	ʃaked	שָׁקֵד (ז)
noix (f)	egoz 'meleχ	אֱגוֹז מֶלֶך (ז)
noisette (f)	egoz ilsar	אֱגוֹז אִלְסָר (ז)
noix (f) de coco	'kokus	קוֹקוּס (ז)
pistaches (f pl)	'fistuk	פִיסטוּק (ז)

56. Le pain. Les confiseries

confiserie (f)	mutsrei kondi'torya	מוּצרֵי קוֹנדִיטוֹרְיָה (ז"ר)
pain (m)	'leχem	לֶחֶם (ז)
biscuit (m)	ugiya	עוּגִיָה (נ)
chocolat (m)	'ʃokolad	שוֹקוֹלָד (ז)
en chocolat (adj)	mi'ʃokolad	מִשוֹקוֹלָד

bonbon (m)	sukariya	סוּכָּרִייָה (נ)
gâteau (m), pâtisserie (f)	uga	עוּגָה (נ)
tarte (f)	uga	עוּגָה (נ)
gâteau (m)	pai	פָּאי (ז)
garniture (f)	milui	מִילוּי (ז)
confiture (f)	riba	רִיבָּה (נ)
marmelade (f)	marme'lada	מַרְמֶלָדָה (נ)
gaufre (f)	'vaflim	וָפלִים (ז"ר)
glace (f)	'glida	גלִידָה (נ)
pudding (m)	'puding	פּוּדִינג (ז)

57. Les épices

sel (m)	'melaχ	מֶלַח (ז)
salé (adj)	ma'luaχ	מָלוּחַ
saler (vt)	leham'liaχ	לְהַמלִיחַ
poivre (m) noir	'pilpel ʃaχor	פִּלפֵּל שָחוֹר (ז)
poivre (m) rouge	'pilpel adom	פִּלפֵּל אָדוֹם (ז)
moutarde (f)	χardal	חַרדָל (ז)
raifort (m)	χa'zeret	חֲזֶרֶת (נ)
condiment (m)	'rotev	רוֹטֶב (ז)
épice (f)	tavlin	תַבלִין (ז)
sauce (f)	'rotev	רוֹטֶב (ז)
vinaigre (m)	'χomets	חוֹמֶץ (ז)
anis (m)	kamnon	כַּמנוֹן (ז)
basilic (m)	reχan	רֵיחָן (ז)
clou (m) de girofle	tsi'poren	צִיפּוֹרֶן (ז)
gingembre (m)	'dʒindʒer	ג'ינגֶ'ר (ז)
coriandre (m)	'kusbara	כּוּסבָּרָה (נ)
cannelle (f)	kinamon	קִינָמוֹן (ז)
sésame (m)	'ʃumʃum	שׁוּמשׁוּם (ז)
feuille (f) de laurier	ale dafna	עֲלֵה דַפנָה (ז)
paprika (m)	'paprika	פַּפּרִיקָה (נ)
cumin (m)	'kimel	קִימֶל (ז)
safran (m)	ze'afran	זַעפרָן (ז)

LES DONNÉES PERSONNELLES. LA FAMILLE

58. Les données personnelles. Les formulaires

prénom (m)	ʃem	שֵׁם (ז)
nom (m) de famille	ʃem miʃpaχa	שֵׁם מִשפָּחָה (ז)
date (f) de naissance	ta'ariχ leda	תַאֲרִיך לֵידָה (ז)
lieu (m) de naissance	mekom leda	מְקוֹם לֵידָה (ז)
nationalité (f)	le'om	לְאוֹם (ז)
domicile (m)	mekom megurim	מְקוֹם מְגוּרִים (ז)
pays (m)	medina	מְדִינָה (נ)
profession (f)	mik'tso'a	מִקצוֹעַ (ז)
sexe (m)	min	מִין (ז)
taille (f)	'gova	גוֹבַה (ז)
poids (m)	miʃkal	מִשקָל (ז)

59. La famille. Les liens de parenté

mère (f)	em	אֵם (נ)
père (m)	av	אָב (ז)
fils (m)	ben	בֵּן (ז)
fille (f)	bat	בַּת (נ)
fille (f) cadette	habat haktana	הַבַּת הַקְטַנָה (נ)
fils (m) cadet	haben hakatan	הַבֵּן הַקָטָן (ז)
fille (f) aînée	habat habχora	הַבַּת הַבְּכוֹרָה (נ)
fils (m) aîné	haben habχor	הַבֵּן הַבְּכוֹר (ז)
frère (m)	aχ	אָח (ז)
frère (m) aîné	aχ gadol	אָח גָדוֹל (ז)
frère (m) cadet	aχ katan	אָח קָטָן (ז)
sœur (f)	aχot	אָחוֹת (נ)
sœur (f) aînée	aχot gdola	אָחוֹת גדוֹלָה (נ)
sœur (f) cadette	aχot ktana	אָחוֹת קטַנָה (נ)
cousin (m)	ben dod	בֶּן דוֹד (ז)
cousine (f)	bat 'doda	בַּת דוֹדָה (נ)
maman (f)	'ima	אִמָא (נ)
papa (m)	'aba	אַבָּא (ז)
parents (m pl)	horim	הוֹרִים (ז"ר)
enfant (m, f)	'yeled	יֶלֶד (ז)
enfants (pl)	yeladim	יְלָדִים (ז"ר)
grand-mère (f)	'savta	סַבתָא (נ)
grand-père (m)	'saba	סַבָּא (ז)
petit-fils (m)	'neχed	נֶכֶד (ז)

petite-fille (f)	neχda	נֶכדָה (נ)
petits-enfants (pl)	neχadim	נְכָדִים (ז״ר)
oncle (m)	dod	דוֹד (ז)
tante (f)	'doda	דוֹדָה (נ)
neveu (m)	aχyan	אַחייָן (ז)
nièce (f)	aχyanit	אַחייָנִית (נ)
belle-mère (f)	χamot	חָמוֹת (נ)
beau-père (m)	χam	חָם (ז)
gendre (m)	χatan	חָתָן (ז)
belle-mère (f)	em χoreget	אֵם חוֹרֶגֶת (נ)
beau-père (m)	av χoreg	אָב חוֹרֵג (ז)
nourrisson (m)	tinok	תִינוֹק (ז)
bébé (m)	tinok	תִינוֹק (ז)
petit (m)	pa'ot	פָּעוֹט (ז)
femme (f)	iʃa	אִשָּׁה (נ)
mari (m)	'ba'al	בַּעַל (ז)
époux (m)	ben zug	בֶּן זוּג (ז)
épouse (f)	bat zug	בַּת זוּג (נ)
marié (adj)	nasui	נָשׂוּי
mariée (adj)	nesu'a	נְשׂוּאָה
célibataire (adj)	ravak	רַוָוק
célibataire (m)	ravak	רַוָוק (ז)
divorcé (adj)	garuʃ	גָרוּש
veuve (f)	almana	אַלמָנָה (נ)
veuf (m)	alman	אַלמָן (ז)
parent (m)	karov miʃpaχa	קָרוֹב מִשפָּחָה (ז)
parent (m) proche	karov miʃpaχa	קָרוֹב מִשפָּחָה (ז)
parent (m) éloigné	karov raχok	קָרוֹב רָחוֹק (ז)
parents (m pl)	krovei miʃpaχa	קְרוֹבֵי מִשפָּחָה (ז״ר)
orphelin (m)	yatom	יָתוֹם (ז)
orpheline (f)	yetoma	יְתוֹמָה (נ)
tuteur (m)	apo'tropos	אַפּוֹטרוֹפּוֹס (ז)
adopter (un garçon)	le'amets	לְאַמֵץ
adopter (une fille)	le'amets	לְאַמֵץ

60. Les amis. Les collègues

ami (m)	χaver	חָבֵר (ז)
amie (f)	χavera	חֲבֵרָה (נ)
amitié (f)	yedidut	יְדִידוּת (נ)
être ami	lihyot yadidim	לִהיוֹת יְדִידִים
copain (m)	χaver	חָבֵר (ז)
copine (f)	χavera	חֲבֵרָה (נ)
partenaire (m)	ʃutaf	שוּתָף (ז)
chef (m)	menahel, roʃ	מְנַהֵל (ז), רֹאש (ז)
supérieur (m)	memune	מְמוּנֶה (ז)

propriétaire (m)	be'alim	בְּעָלִים (ז)
subordonné (m)	kafuf le	כָּפוּף ל (ז)
collègue (m, f)	amit	עָמִית (ז)
connaissance (f)	makar	מַכָּר (ז)
compagnon (m) de route	ben levaya	בֶּן לְוָויָה (ז)
copain (m) de classe	χaver lekita	חָבֵר לְכִּיתָה (ז)
voisin (m)	ʃaχen	שָׁכֵן (ז)
voisine (f)	ʃχena	שכֵנָה (נ)
voisins (m pl)	ʃχenim	שכֵנִים (ז"ר)

LE CORPS HUMAIN. LES MÉDICAMENTS

61. La tête

tête (f)	roʃ	רֹאשׁ (ז)
visage (m)	panim	פָּנִים (ז״ר)
nez (m)	af	אַף (ז)
bouche (f)	pe	פֶּה (ז)
œil (m)	'ayin	עַיִן (נ)
les yeux	ei'nayim	עֵינַיִים (נ״ר)
pupille (f)	iʃon	אִישׁוֹן (ז)
sourcil (m)	gaba	גַּבָּה (נ)
cil (m)	ris	רִיס (ז)
paupière (f)	af'af	עַפעַף (ז)
langue (f)	laʃon	לָשׁוֹן (נ)
dent (f)	ʃen	שֵׁן (נ)
lèvres (f pl)	sfa'tayim	שׂפָתַיִים (נ״ר)
pommettes (f pl)	atsamot leχa'yayim	עַצמוֹת לְחָיַיִם (נ״ר)
gencive (f)	χani'χayim	חֲנִיכַיִים (ז״ר)
palais (m)	χeχ	חֵךְ (ז)
narines (f pl)	neχi'rayim	נְחִירַיִים (ז״ר)
menton (m)	santer	סַנטֵר (ז)
mâchoire (f)	'leset	לֶסֶת (נ)
joue (f)	'leχi	לֶחִי (נ)
front (m)	'metsaχ	מֵצַח (ז)
tempe (f)	raka	רַקָה (נ)
oreille (f)	'ozen	אוֹזֶן (נ)
nuque (f)	'oref	עוֹרֶף (ז)
cou (m)	tsavar	צַוָואר (ז)
gorge (f)	garon	גָרוֹן (ז)
cheveux (m pl)	se'ar	שֵׂיעָר (ז)
coiffure (f)	tis'roket	תִסרוֹקֶת (נ)
coupe (f)	tis'poret	תִספּוֹרֶת (נ)
perruque (f)	pe'a	פֵּאָה (נ)
moustache (f)	safam	שָׂפָם (ז)
barbe (f)	zakan	זָקָן (ז)
porter (~ la barbe)	legadel	לְגַדֵל
tresse (f)	tsama	צַמָה (נ)
favoris (m pl)	pe'ot leχa'yayim	פֵּאוֹת לְחָיַיִם (נ״ר)
roux (adj)	'dʒindʒi	ג׳ינג׳י
gris, grisonnant (adj)	kasuf	כָּסוּף
chauve (adj)	ke'reaχ	קֵירֵחַ
calvitie (f)	ka'raχat	קָרַחַת (נ)

queue (f) de cheval	'kuku	קוּקוּ (ז)
frange (f)	'poni	פּוֹנִי (ז)

62. Le corps humain

main (f)	kaf yad	כַּף יָד (נ)
bras (m)	yad	יָד (נ)
doigt (m)	'etsba	אֶצבַּע (נ)
orteil (m)	'bohen	בּוֹהֶן (נ)
pouce (m)	agudal	אֲגוּדָל (ז)
petit doigt (m)	'zeret	זֶרֶת (נ)
ongle (m)	tsi'poren	צִיפּוֹרֶן (ז)
poing (m)	egrof	אֶגרוֹף (ז)
paume (f)	kaf yad	כַּף יָד (נ)
poignet (m)	'ʃoreʃ kaf hayad	שוֹרֶש כַּף הַיָד (ז)
avant-bras (m)	ama	אַמָה (ז)
coude (m)	marpek	מַרפֵק (ז)
épaule (f)	katef	כָּתֵף (נ)
jambe (f)	'regel	רֶגֶל (נ)
pied (m)	kaf 'regel	כַּף רֶגֶל (נ)
genou (m)	'bereχ	בֶּרֶך (נ)
mollet (m)	ʃok	שוֹק (ז)
hanche (f)	yareχ	יָרֵך (ז)
talon (m)	akev	עָקֵב (ז)
corps (m)	guf	גוּף (ז)
ventre (m)	'beten	בֶּטֶן (נ)
poitrine (f)	χaze	חָזֶה (ז)
sein (m)	ʃad	שַד (ז)
côté (m)	tsad	צַד (ז)
dos (m)	gav	גַב (ז)
reins (région lombaire)	mot'nayim	מוֹתנַיִים (ז"ר)
taille (f) (~ de guêpe)	'talya	טַליָה (נ)
nombril (m)	tabur	טַבּוּר (ז)
fesses (f pl)	aχo'rayim	אֲחוֹרַיִים (ז"ר)
derrière (m)	yaʃvan	יַשבָן (ז)
grain (m) de beauté	nekudat χen	נְקוּדַת חֵן (נ)
tache (f) de vin	'ketem leida	כֶּתֶם לֵידָה (ז)
tatouage (m)	ka'a'ku'a	קַעֲקוּע (ז)
cicatrice (f)	tsa'leket	צַלֶקֶת (נ)

63. Les maladies

maladie (f)	maχala	מַחֲלָה (נ)
être malade	lihyot χole	לִהיוֹת חוֹלֶה
santé (f)	bri'ut	בּרִיאוּת (נ)
rhume (m) (coryza)	na'zelet	נַזֶלֶת (נ)

angine (f)	da'leket ʃkedim	דַלֶקֶת שקֵדים (נ)
refroidissement (m)	hitstanenut	הִצטַנְנוּת (נ)
prendre froid	lehitstanen	לְהִצטַנֵן

bronchite (f)	bron'χitis	בּרוֹנכִיטִיס (ז)
pneumonie (f)	da'leket re'ot	דַלֶקֶת רֵיאוֹת (נ)
grippe (f)	ʃa'paʿat	שַפַעַת (נ)

myope (adj)	ktsar re'iya	קְצַר רְאִייָה
presbyte (adj)	reχok re'iya	רְחוֹק־רְאִייָה
strabisme (m)	pzila	פּזִילָה (נ)
strabique (adj)	pozel	פּוֹזֵל
cataracte (f)	katarakt	קָטָרַקט (ז)
glaucome (m)	gla'u'koma	גלָאוּקוֹמָה (נ)

insulte (f)	ʃavats moχi	שָבָץ מוֹחִי (ז)
crise (f) cardiaque	hetkef lev	הֶתקֵף לֵב (ז)
infarctus (m) de myocarde	'otem ʃrir halev	אוֹטֶם שרִיר הַלֵב (ז)
paralysie (f)	ʃituk	שִיתוּק (ז)
paralyser (vt)	leʃatek	לְשַתֵק

allergie (f)	a'lergya	אָלֶרגְיָה (נ)
asthme (m)	'astma, ka'tseret	אַסתמָה, קַצֶרֶת (נ)
diabète (m)	su'keret	סוּכֶּרֶת (נ)

mal (m) de dents	ke'ev ʃi'nayim	כְּאֵב שִינַיִים (ז)
carie (f)	a'ʃeʃet	עַשֶשֶת (נ)

diarrhée (f)	ʃilʃul	שִלשוּל (ז)
constipation (f)	atsirut	עֲצִירוּת (נ)
estomac (m) barbouillé	kilkul keiva	קִלקוּל קֵיבָה (ז)
intoxication (f) alimentaire	harʿalat mazon	הַרעָלַת מָזוֹן (נ)
être intoxiqué	laχatof harʿalat mazon	לַחֲטוֹף הַרעָלַת מָזוֹן

arthrite (f)	da'leket mifrakim	דַלֶקֶת מִפרָקִים (נ)
rachitisme (m)	ra'keχet	רַכֶּכֶת (נ)
rhumatisme (m)	ʃigaron	שִיגָרוֹן (ז)
athérosclérose (f)	ar'teryo skle'rosis	אַרטֶריוֹ־סקלֶרוֹסִיס (ז)

gastrite (f)	da'leket keiva	דַלֶקֶת קֵיבָה (נ)
appendicite (f)	da'leket toseftan	דַלֶקֶת תוֹספְתָן (נ)
cholécystite (f)	da'leket kis hamara	דַלֶקֶת כִּיס הַמָרָה (נ)
ulcère (m)	'ulkus, kiv	אוּלקוּס, כִּיב (ז)

rougeole (f)	χa'tsevet	חַצֶבֶת (נ)
rubéole (f)	a'demet	אַדֶמֶת (נ)
jaunisse (f)	tsa'hevet	צַהֶבֶת (נ)
hépatite (f)	da'leket kaved	דַלֶקֶת כָּבֵד (נ)

schizophrénie (f)	sχizo'frenya	סכִיזוֹפרֶנִיָה (נ)
rage (f) (hydrophobie)	ka'levet	כַּלֶבֶת (נ)
névrose (f)	noi'roza	נוֹירוֹזָה (נ)
commotion (f) cérébrale	zaʿa'zuʿa 'moaχ	זַעֲזוּעַ מוֹחַ (ז)

cancer (m)	sartan	סַרטָן (ז)
sclérose (f)	ta'reʃet	טָרֶשֶת (נ)

sclérose (f) en plaques	ta'reʃet nefotsa	טָרֶשֶׁת נְפוֹצָה (נ)
alcoolisme (m)	alkoholizm	אַלכּוֹהוֹלִיזם (ז)
alcoolique (m)	alkoholist	אַלכּוֹהוֹלִיסט (ז)
syphilis (f)	a'gevet	עַגֶבֶת (נ)
SIDA (m)	eids	אֵיידס (ז)
tumeur (f)	gidul	גִידוּל (ז)
maligne (adj)	mam'ir	מַמאִיר
bénigne (adj)	ʃapir	שָׁפִיר
fièvre (f)	ka'daχat	קַדַחַת (נ)
malaria (f)	ma'larya	מָלַרִיָה (נ)
gangrène (f)	gan'grena	גַנגרֶנָה (נ)
mal (m) de mer	maχalat yam	מַחֲלַת יָם (נ)
épilepsie (f)	maχalat hanefila	מַחֲלַת הַנְפִילָה (נ)
épidémie (f)	magefa	מַגֵיפָה (נ)
typhus (m)	'tifus	טִיפוּס (ז)
tuberculose (f)	ʃa'χefet	שַׁחֶפֶת (נ)
choléra (m)	ko'lera	כּוֹלֶרָה (נ)
peste (f)	davar	דֶבֶר (ז)

64. Les symptômes. Le traitement. Partie 1

symptôme (m)	simptom	סִימפּטוֹם (ז)
température (f)	χom	חוֹם (ז)
fièvre (f)	χom ga'voha	חוֹם גָבוֹהַ (ז)
pouls (m)	'dofek	דוֹפֶק (ז)
vertige (m)	sχar'χoret	סְחַרחוֹרֶת (נ)
chaud (adj)	χam	חַם
frisson (m)	ʦmar'moret	צְמַרמוֹרֶת (נ)
pâle (adj)	χiver	חִיווֵר
toux (f)	ʃi'ul	שִׁיעוּל (ז)
tousser (vi)	lehiʃta'el	לְהִשׁתַעֵל
éternuer (vi)	lehit'ateʃ	לְהִתעַטֵשׁ
évanouissement (m)	ilafon	עִילָפוֹן (ז)
s'évanouir (vp)	lehit'alef	לְהִתעַלֵף
bleu (m)	χabura	חַבּוּרָה (נ)
bosse (f)	blita	בּלִיטָה (נ)
se heurter (vp)	lekabel maka	לְקַבֵּל מַכָּה
meurtrissure (f)	maka	מַכָּה (נ)
se faire mal	lekabel maka	לְקַבֵּל מַכָּה
boiter (vi)	liʦ'lo'a	לִצלוֹעַ
foulure (f)	'neka	נֶקַע (ז)
se démettre (l'épaule, etc.)	lin'ko'a	לִנקוֹעַ
fracture (f)	'ʃever	שֶׁבֶר (ז)
avoir une fracture	liʃbor	לִשבּוֹר
coupure (f)	χataχ	חֲתָך (ז)
se couper (~ le doigt)	lehiχateχ	לְהֵיחָתֵך

hémorragie (f)	dimum	דִימוּם (ז)
brûlure (f)	kviya	כּווִייָה (נ)
se brûler (vp)	laχatof kviya	לַחֲטוֹף כּווִייָה
se piquer (le doigt)	lidkor	לִדקוֹר
se piquer (vp)	lehidaker	לְהִידָקֵר
blesser (vt)	lif'tso'a	לִפצוֹעַ
blessure (f)	ptsi'a	פּצִיעָה (נ)
plaie (f) (blessure)	'petsa	פֶּצַע (ז)
trauma (m)	'tra'uma	טרָאוּמָה (נ)
délirer (vi)	lahazot	לַהֲזוֹת
bégayer (vi)	legamgem	לְגַמגֵם
insolation (f)	makat 'ʃemeʃ	מַכַּת שֶׁמֶשׁ (נ)

65. Les symptômes. Le traitement. Partie 2

douleur (f)	ke'ev	כְּאֵב (ז)
écharde (f)	kots	קוֹץ (ז)
sueur (f)	ze'a	זֵיעָה (נ)
suer (vi)	leha'zi'a	לְהַזִיעַ
vomissement (m)	haka'a	הֲקָאָה (נ)
spasmes (m pl)	pirkusim	פִּירכּוּסִים (ז"ר)
enceinte (adj)	hara	הָרָה
naître (vi)	lehivaled	לְהִיוָולֵד
accouchement (m)	leda	לֵידָה (נ)
accoucher (vi)	la'ledet	לָלֶדֶת
avortement (m)	hapala	הַפָּלָה (נ)
respiration (f)	neʃima	נְשִׁימָה (נ)
inhalation (f)	ʃe'ifa	שְׁאִיפָה (נ)
expiration (f)	neʃifa	נְשִׁיפָה (נ)
expirer (vi)	linʃof	לִנשוֹף
inspirer (vi)	liʃ'of	לִשאוֹף
invalide (m)	naχe	נָכֶה (ז)
handicapé (m)	naχe	נָכֶה (ז)
drogué (m)	narkoman	נַרקוֹמָן (ז)
sourd (adj)	χereʃ	חֵירֵשׁ
muet (adj)	ilem	אִילֵם
sourd-muet (adj)	χereʃ-ilem	חֵירֵשׁ־אִילֵם
fou (adj)	meʃuga	מְשׁוּגָע
fou (m)	meʃuga	מְשׁוּגָע (ז)
folle (f)	meʃu'ga'at	מְשׁוּגַעַת (נ)
devenir fou	lehiʃta'ge'a	לְהִשתַגֵעַ
gène (m)	gen	גֶן (ז)
immunité (f)	χasinut	חֲסִינוּת (נ)
héréditaire (adj)	toraʃti	תוֹרַשתִי
congénital (adj)	mulad	מוּלָד

virus (m)	'virus	וִירוּס (ז)
microbe (m)	χaidak	חַיידַק (ז)
bactérie (f)	bak'terya	בַּקטֶרְיָה (נ)
infection (f)	zihum	זִיהוּם (ז)

66. Les symptômes. Le traitement. Partie 3

hôpital (m)	beit χolim	בֵּית חוֹלִים (ז)
patient (m)	metupal	מְטוּפָל (ז)
diagnostic (m)	avχana	אַבחָנָה (נ)
cure (f) (faire une ~)	ripui	רִיפּוּי (ז)
traitement (m)	tipul refu'i	טִיפּוּל רְפוּאִי (ז)
se faire soigner	lekabel tipul	לְקַבֵּל טִיפּוּל
traiter (un patient)	letapel be...	לְטַפֵּל בְּ...
soigner (un malade)	letapel be...	לְטַפֵּל בְּ...
soins (m pl)	tipul	טִיפּוּל (ז)
opération (f)	ni'tuaχ	נִיתוּחַ (ז)
panser (vt)	laχboʃ	לַחבּוֹשׁ
pansement (m)	χaviʃa	חֲבִישָה (נ)
vaccination (f)	χisun	חִיסוּן (ז)
vacciner (vt)	leχasen	לְחַסֵן
piqûre (f)	zrika	זרִיקָה (נ)
faire une piqûre	lehazrik	לְהַזרִיק
crise, attaque (f)	hetkef	הֶתקֵף (ז)
amputation (f)	kti'a	קטִיעָה (נ)
amputer (vt)	lik'to'a	לִקטוֹעַ
coma (m)	tar'demet	תַרדֶמֶת (נ)
être dans le coma	lihyot betar'demet	לִהיוֹת בְּתַרדֶמֶת
réanimation (f)	tipul nimrats	טִיפּוּל נִמרָץ (ז)
se rétablir (vp)	lehaχlim	לְהַחלִים
état (m) (de santé)	matsav	מַצָב (ז)
conscience (f)	hakara	הַכָּרָה (נ)
mémoire (f)	zikaron	זִיכָּרוֹן (ז)
arracher (une dent)	la'akor	לַעֲקוֹר
plombage (m)	stima	סתִימָה (נ)
plomber (vt)	la'asot stima	לַעֲשׂוֹת סתִימָה
hypnose (f)	hip'noza	הִיפּנוֹזָה (נ)
hypnotiser (vt)	lehapnet	לְהַפנֵט

67. Les médicaments. Les accessoires

médicament (m)	trufa	תרוּפָה (נ)
remède (m)	trufa	תרוּפָה (נ)
prescrire (vt)	lirʃom	לִרשוֹם
ordonnance (f)	mirʃam	מִרשָם (ז)

comprimé (m)	kadur	כַּדוּר (ז)
onguent (m)	miʃχa	מִשחָה (נ)
ampoule (f)	'ampula	אַמפּוּלָה (נ)
mixture (f)	ta'a'rovet	תַעֲרוֹבֶת (נ)
sirop (m)	sirop	סִירוֹפּ (ז)
pilule (f)	gluya	גלוּיָה (נ)
poudre (f)	avka	אַבקָה (נ)
bande (f)	taχ'boʃet 'gaza	תַחבּוֹשֶת גָאזָה (ז)
coton (m) (ouate)	'tsemer 'gefen	צֶמֶר גֶפֶן (ז)
iode (m)	yod	יוֹד (ז)
sparadrap (m)	'plaster	פלַסטֶר (ז)
compte-gouttes (m)	taf'tefet	טַפטֶפֶת (נ)
thermomètre (m)	madχom	מַדחוֹם (ז)
seringue (f)	mazrek	מַזרֵק (ז)
fauteuil (m) roulant	kise galgalim	כִּיסֵא גַלגַלִים (ז)
béquilles (f pl)	ka'bayim	קַבַּיִים (ז"ר)
anesthésique (m)	meʃakeχ ke'evim	מְשַכֵּך כְּאֵבִים (ז)
purgatif (m)	trufa meʃal'ʃelet	תרוּפָה מְשַלשֶלֶת (נ)
alcool (m)	'kohal	כּוֹהַל (ז)
herbe (f) médicinale	isvei marpe	עִשׂבֵי מַרפֵּא (ז"ר)
d'herbes (adj)	ʃel asavim	שֶל עֲשָׂבִים

L'APPARTEMENT

68. L'appartement

appartement (m)	dira	דִירָה (נ)
chambre (f)	'χeder	חֶדֶר (ז)
chambre (f) à coucher	χadar ʃena	חֲדַר שֵינָה (ז)
salle (f) à manger	pinat 'oχel	פִּינַת אוֹכֶל (נ)
salon (m)	salon	סָלוֹן (ז)
bureau (m)	χadar avoda	חֲדַר עֲבוֹדָה (ז)
antichambre (f)	prozdor	פרוֹזדוֹר (ז)
salle (f) de bains	χadar am'batya	חֲדַר אַמבַּטיָה (ז)
toilettes (f pl)	ʃerutim	שֵירוּתִים (ז"ר)
plafond (m)	tikra	תִקרָה (נ)
plancher (m)	ritspa	רִצפָּה (נ)
coin (m)	pina	פִּינָה (נ)

69. Les meubles. L'intérieur

meubles (m pl)	rehitim	רָהִיטִים (ז"ר)
table (f)	ʃulχan	שוּלחָן (ז)
chaise (f)	kise	כִּסֵא (ז)
lit (m)	mita	מִיטָה (נ)
canapé (m)	sapa	סַפָּה (נ)
fauteuil (m)	kursa	כּוּרסָה (נ)
bibliothèque (f) (meuble)	aron sfarim	אָרוֹן סְפָרִים (ז)
rayon (m)	madaf	מַדָף (ז)
armoire (f)	aron bgadim	אָרוֹן בּגָדִים (ז)
patère (f)	mitle	מִתלֶה (ז)
portemanteau (m)	mitle	מִתלֶה (ז)
commode (f)	ʃida	שִידָה (נ)
table (f) basse	ʃulχan itonim	שוּלחַן עִיתוֹנִים (ז)
miroir (m)	mar'a	מַראָה (נ)
tapis (m)	ʃa'tiaχ	שָטִיחַ (ז)
petit tapis (m)	ʃa'tiaχ	שָטִיחַ (ז)
cheminée (f)	aχ	אָח (נ)
bougie (f)	ner	נֵר (ז)
chandelier (m)	pamot	פָּמוֹט (ז)
rideaux (m pl)	vilonot	וִילוֹנוֹת (ז"ר)
papier (m) peint	tapet	טַפֶּט (ז)

jalousie (f)	trisim	תְרִיסִים (ז"ר)
lampe (f) de table	menorat ʃulχan	מְנוֹרַת שוּלחָן (נ)
applique (f)	menorat kir	מְנוֹרַת קִיר (נ)
lampadaire (m)	menora o'medet	מְנוֹרָה עוֹמֶדֶת (נ)
lustre (m)	niv'reʃet	נִברֶשֶת (נ)
pied (m) (~ de la table)	'regel	רֶגֶל (נ)
accoudoir (m)	miʃ'enet yad	מִשעֶנֶת יָד (נ)
dossier (m)	miʃ'enet	מִשעֶנֶת (נ)
tiroir (m)	megera	מְגֵירָה (נ)

70. La literie

linge (m) de lit	matsa'im	מַצָעִים (ז"ר)
oreiller (m)	karit	כָּרִית (נ)
taie (f) d'oreiller	tsipit	צִיפִּית (נ)
couverture (f)	smiχa	שׂמִיכָה (נ)
drap (m)	sadin	סָדִין (ז)
couvre-lit (m)	kisui mita	כִּיסוּי מִיטָה (ז)

71. La cuisine

cuisine (f)	mitbaχ	מִטבָּח (ז)
gaz (m)	gaz	גָז (ז)
cuisinière (f) à gaz	tanur gaz	תַנוּר גָז (ז)
cuisinière (f) électrique	tanur χaʃmali	תַנוּר חַשמַלִי (ז)
four (m)	tanur afiya	תַנוּר אֲפִייָה (ז)
four (m) micro-ondes	mikrogal	מִיקרוֹגַל (ז)
réfrigérateur (m)	mekarer	מְקָרֵר (ז)
congélateur (m)	makpi	מַקפִּיא (ז)
lave-vaisselle (m)	me'diaχ kelim	מֵדִיחַ כֵּלִים (ז)
hachoir (m) à viande	matχenat basar	מַטחֵנַת בָּשָׂר (נ)
centrifugeuse (f)	masχeta	מַסחֵטָה (נ)
grille-pain (m)	'toster	טוֹסטֶר (ז)
batteur (m)	'mikser	מִיקסֶר (ז)
machine (f) à café	meχonat kafe	מְכוֹנַת קָפֶה (נ)
cafetière (f)	findʒan	פִינגָ'אן (ז)
moulin (m) à café	matχenat kafe	מַטחֵנַת קָפֶה (נ)
bouilloire (f)	kumkum	קוּמקוּם (ז)
théière (f)	kumkum	קוּמקוּם (ז)
couvercle (m)	miχse	מִכסֶה (ז)
passoire (f) à thé	mis'nenet te	מִסנֶנֶת תֵה (נ)
cuillère (f)	kaf	כַּף (נ)
petite cuillère (f)	kapit	כַּפִּית (נ)
cuillère (f) à soupe	kaf	כַּף (נ)
fourchette (f)	mazleg	מַזלֵג (ז)
couteau (m)	sakin	סַכִּין (ז, נ)

vaisselle (f)	kelim	כֵּלִים (ז"ר)
assiette (f)	tsa'laχat	צַלַחַת (נ)
soucoupe (f)	taχtit	תַחתִית (נ)
verre (m) à shot	kosit	כּוֹסִית (נ)
verre (m) (~ d'eau)	kos	כּוֹס (נ)
tasse (f)	'sefel	סֵפֶל (ז)
sucrier (m)	mis'keret	מִסכֶּרֶת (נ)
salière (f)	milχiya	מִלחִייָה (נ)
poivrière (f)	pilpeliya	פִּלפְּלִייָה (נ)
beurrier (m)	maχame'a	מַחֲמְאָה (ז)
casserole (f)	sir	סִיר (ז)
poêle (f)	maχvat	מַחבַת (נ)
louche (f)	tarvad	תַרווָד (ז)
passoire (f)	mis'nenet	מְסַנֶנֶת (נ)
plateau (m)	magaʃ	מַגָש (ז)
bouteille (f)	bakbuk	בַּקבּוּק (ז)
bocal (m) (à conserves)	tsin'tsenet	צִנצֶנֶת (נ)
boîte (f) en fer-blanc	paχit	פַּחִית (נ)
ouvre-bouteille (m)	potχan bakbukim	פּוֹתחָן בַּקבּוּקִים (ז)
ouvre-boîte (m)	potχan kufsa'ot	פּוֹתחָן קוּפסָאוֹת (ז)
tire-bouchon (m)	maχlets	מַחלֵץ (ז)
filtre (m)	'filter	פִילטֶר (ז)
filtrer (vt)	lesanen	לְסַנֵן
ordures (f pl)	'zevel	זֶבֶל (ז)
poubelle (f)	paχ 'zevel	פַּח זֶבֶל (ז)

72. La salle de bains

salle (f) de bains	χadar am'batya	חֲדַר אַמבַּטיָה (ז)
eau (f)	'mayim	מַיִם (ז"ר)
robinet (m)	'berez	בֶּרֶז (ז)
eau (f) chaude	'mayim χamim	מַיִם חַמִים (ז"ר)
eau (f) froide	'mayim karim	מַיִם קָרִים (ז"ר)
dentifrice (m)	miʃχat ʃi'nayim	מִשחַת שִינַיִים (נ)
se brosser les dents	letsaχ'tseaχ ʃi'nayim	לְצַחצֵחַ שִינַיִים
brosse (f) à dents	miv'reʃet ʃi'nayim	מִברֶשֶת שִינַיִים (נ)
se raser (vp)	lehitga'leaχ	לְהִתגַלֵחַ
mousse (f) à raser	'ketsef gi'luaχ	קֶצֶף גִילוּחַ (ז)
rasoir (m)	'ta'ar	תַעַר (ז)
laver (vt)	liʃtof	לִשטוֹף
se laver (vp)	lehitraχets	לְהִתרַחֵץ
douche (f)	mik'laχat	מִקלַחַת (נ)
prendre une douche	lehitka'leaχ	לְהִתקַלֵחַ
baignoire (f)	am'batya	אַמבַּטיָה (נ)
cuvette (f)	asla	אַסלָה (נ)

lavabo (m)	kiyor	כִּיּוֹר (ז)
savon (m)	sabon	סַבּוֹן (ז)
porte-savon (m)	saboniya	סַבּוֹנִייָה (נ)
éponge (f)	sfog 'lifa	ספוֹג לִיפָה (ז)
shampooing (m)	ʃampu	שַׁמפּוּ (ז)
serviette (f)	ma'gevet	מַגֶּבֶת (נ)
peignoir (m) de bain	χaluk raχatsa	חָלוּק רַחֲצָה (ז)
lessive (f) (faire la ~)	kvisa	כּבִיסָה (נ)
machine (f) à laver	meχonat kvisa	מְכוֹנַת כּבִיסָה (נ)
faire la lessive	leχabes	לְכַבֵּס
lessive (f) (poudre)	avkat kvisa	אַבקַת כּבִיסָה (נ)

73. Les appareils électroménagers

téléviseur (m)	tele'vizya	טֶלֶוִויזִיָה (נ)
magnétophone (m)	teip	טֵייפּ (ז)
magnétoscope (m)	maχʃir 'vide'o	מַכשִׁיר וִידֶאוֹ (ז)
radio (f)	'radyo	רַדיוֹ (ז)
lecteur (m)	nagan	נַגָן (ז)
vidéoprojecteur (m)	makren	מַקרֵן (ז)
home cinéma (m)	kol'no'a beiti	קוֹלנוֹעַ בֵּיתִי (ז)
lecteur DVD (m)	nagan dividi	נַגָן DVD (ז)
amplificateur (m)	magber	מַגבֵּר (ז)
console (f) de jeux	maχʃir plei'steiʃen	מַכשִׁיר פּלֵייסטֵיישְׁן (ז)
caméscope (m)	matslemat 'vide'o	מַצלֵמַת וִידֶאוֹ (נ)
appareil (m) photo	matslema	מַצלֵמָה (נ)
appareil (m) photo numérique	matslema digi'talit	מַצלֵמָה דִיגִיטָלִית (נ)
aspirateur (m)	ʃo'ev avak	שׁוֹאֵב אָבָק (ז)
fer (m) à repasser	maghets	מַגהֵץ (ז)
planche (f) à repasser	'kereʃ gihuts	קֶרֶשׁ גִיהוּץ (ז)
téléphone (m)	'telefon	טֶלֶפוֹן (ז)
portable (m)	'telefon nayad	טֶלֶפוֹן נַייָד (ז)
machine (f) à écrire	meχonat ktiva	מְכוֹנַת כּתִיבָה (נ)
machine (f) à coudre	meχonat tfira	מְכוֹנַת תפִירָה (נ)
micro (m)	mikrofon	מִיקרוֹפוֹן (ז)
écouteurs (m pl)	ozniyot	אוֹזנִיוֹת (נ"ר)
télécommande (f)	'ʃelet	שֶׁלֶט (ז)
CD (m)	taklitor	תַקלִיטוֹר (ז)
cassette (f)	ka'letet	קַלֶטֶת (נ)
disque (m) (vinyle)	taklit	תַקלִיט (ז)

LA TERRE. LE TEMPS

74. L'espace cosmique

cosmos (m)	xalal	חָלָל (ז)
cosmique (adj)	ʃel xalal	שֶל חָלָל
espace (m) cosmique	xalal xitson	חָלָל חִיצוֹן (ז)
monde (m)	olam	עוֹלָם (ז)
univers (m)	yekum	יְקוּם (ז)
galaxie (f)	ga'laksya	גָלַקסיָה (נ)
étoile (f)	koxav	כּוֹכָב (ז)
constellation (f)	tsvir koxavim	צבִיר כּוֹכָבִים (ז)
planète (f)	koxav 'lexet	כּוֹכָב לֶכֶת (ז)
satellite (m)	lavyan	לַוויָן (ז)
météorite (m)	mete'orit	מֶטֶאוֹרִיט (ז)
comète (f)	koxav ʃavit	כּוֹכָב שָבִיט (ז)
astéroïde (m)	aste'ro'id	אַסטֶרוֹאִיד (ז)
orbite (f)	maslul	מַסלוּל (ז)
tourner (vi)	lesovev	לסוֹבֵב
atmosphère (f)	atmos'fera	אַטמוֹספֶרָה (נ)
Soleil (m)	'ʃemeʃ	שֶמֶש (נ)
système (m) solaire	ma'a'rexet ha'ʃemeʃ	מַעֲרֶכֶת הַשֶמֶש (נ)
éclipse (f) de soleil	likui xama	לִיקוּי חַמָה (ז)
Terre (f)	kadur ha''arets	כַּדוּר הָאָרֶץ (ז)
Lune (f)	ya'reax	יָרֵחַ (ז)
Mars (m)	ma'adim	מַאֲדִים (ז)
Vénus (f)	'noga	נוֹגָה (ז)
Jupiter (m)	'tsedek	צֶדֶק (ז)
Saturne (m)	ʃabtai	שַבּתַאי (ז)
Mercure (m)	koxav xama	כּוֹכָב חַמָה (ז)
Uranus (m)	u'ranus	אוּרָנוּס (ז)
Neptune	neptun	נֶפטוּן (ז)
Pluton (m)	'pluto	פלוּטוֹ (ז)
la Voie Lactée	ʃvil haxalav	שבִיל הֶחָלָב (ז)
la Grande Ours	duba gdola	דוּבָּה גדוֹלָה (נ)
la Polaire	koxav hatsafon	כּוֹכָב הַצָפוֹן (ז)
martien (m)	toʃav ma'adim	תוֹשָב מַאֲדִים (ז)
extraterrestre (m)	xutsan	חוּצָן (ז)
alien (m)	xaizar	חַייזָר (ז)
soucoupe (f) volante	tsa'laxat me'o'fefet	צַלַחַת מְעוֹפֶפֶת (נ)
vaisseau (m) spatial	xalalit	חֲלָלִית (נ)

station (f) orbitale	taχanat χalal	תַחֲנַת חָלָל (נ)
lancement (m)	hamra'a	הַמרָאָה (נ)
moteur (m)	ma'no'a	מָנוֹעַ (ז)
tuyère (f)	neχir	נְחִיר (ז)
carburant (m)	'delek	דֶלֶק (ז)
cabine (f)	'kokpit	קוֹקפִּיט (ז)
antenne (f)	an'tena	אַנטֶנָה (נ)
hublot (m)	eʃnav	אֶשנָב (ז)
batterie (f) solaire	'luaχ so'lari	לוּחַ סוֹלָרִי (ז)
scaphandre (m)	χalifat χalal	חֲלִיפַת חָלָל (נ)
apesanteur (f)	'χoser miʃkal	חוֹסֶר מִשקָל (ז)
oxygène (m)	χamtsan	חַמצָן (ז)
arrimage (m)	agina	עֲגִינָה (נ)
s'arrimer à ...	la'agon	לַעֲגוֹן
observatoire (m)	mitspe koχavim	מִצפֶּה כּוֹכָבִים (ז)
télescope (m)	teleskop	טֶלֶסקוֹפּ (ז)
observer (vt)	litspot, lehaʃkif	לִצפּוֹת, לְהַשקִיף
explorer (un cosmos)	laχkor	לַחקוֹר

75. La Terre

Terre (f)	kadur ha''arets	כַּדוּר הָאָרֶץ (ז)
globe (m) terrestre	kadur ha''arets	כַּדוּר הָאָרֶץ (ז)
planète (f)	koχav 'leχet	כּוֹכָב לֶכֶת (ז)
atmosphère (f)	atmos'fera	אַטמוֹספֶרָה (נ)
géographie (f)	ge'o'grafya	גֵיאוֹגרַפיָה (נ)
nature (f)	'teva	טֶבַע (ז)
globe (m) de table	'globus	גלוֹבּוּס (ז)
carte (f)	mapa	מַפָּה (נ)
atlas (m)	'atlas	אַטלָס (ז)
Europe (f)	ei'ropa	אֵירוֹפָּה (נ)
Asie (f)	'asya	אַסיָה (נ)
Afrique (f)	'afrika	אַפרִיקָה (נ)
Australie (f)	ost'ralya	אוֹסטרַליָה (נ)
Amérique (f)	a'merika	אָמֶרִיקָה (נ)
Amérique (f) du Nord	a'merika hatsfonit	אָמֶרִיקָה הַצפוֹנִית (נ)
Amérique (f) du Sud	a'merika hadromit	אָמֶרִיקָה הַדרוֹמִית (נ)
l'Antarctique (m)	ya'beʃet an'tarktika	יַבֶּשֶת אַנטָארקטִיקָה (נ)
l'Arctique (m)	'arktika	אַרקטִיקָה (נ)

76. Les quatre parties du monde

nord (m)	tsafon	צָפוֹן (ז)
vers le nord	tsa'fona	צָפוֹנָה

au nord	batsafon	בְּצָפוֹן
du nord (adj)	tsfoni	צפוֹנִי
sud (m)	darom	דָרוֹם (ז)
vers le sud	da'roma	דָרוֹמָה
au sud	badarom	בַּדָרוֹם
du sud (adj)	dromi	דרוֹמִי
ouest (m)	ma'arav	מַעֲרָב (ז)
vers l'occident	ma'a'rava	מַעֲרָבָה
à l'occident	bama'arav	בַּמַעֲרָב
occidental (adj)	ma'aravi	מַעֲרָבִי
est (m)	mizraχ	מִזרָח (ז)
vers l'orient	miz'raχa	מִזרָחָה
à l'orient	bamizraχ	בַּמִזרָח
oriental (adj)	mizraχi	מִזרָחִי

77. Les océans et les mers

mer (f)	yam	יָם (ז)
océan (m)	ok'yanos	אוֹקיָאנוֹס (ז)
golfe (m)	mifrats	מִפרָץ (ז)
détroit (m)	meitsar	מֵיצָר (ז)
terre (f) ferme	yabaʃa	יַבָּשָׁה (נ)
continent (m)	ya'beʃet	יַבֶּשֶׁת (נ)
île (f)	i	אִי (ז)
presqu'île (f)	χatsi i	חֲצִי אִי (ז)
archipel (m)	arχipelag	אַרכִיפֶּלָג (ז)
baie (f)	mifrats	מִפרָץ (ז)
port (m)	namal	נָמָל (ז)
lagune (f)	la'guna	לָגוּנָה (נ)
cap (m)	kef	כֵּף (ז)
atoll (m)	atol	אָטוֹל (ז)
récif (m)	ʃunit	שוּנִית (נ)
corail (m)	almog	אַלמוֹג (ז)
récif (m) de corail	ʃunit almogim	שוּנִית אַלמוֹגִים (נ)
profond (adj)	amok	עָמוֹק
profondeur (f)	'omek	עוֹמֶק (ז)
abîme (m)	tehom	תְהוֹם (נ)
fosse (f) océanique	maχteʃ	מַכתֵשׁ (ז)
courant (m)	'zerem	זֶרֶם (ז)
baigner (vt) (mer)	lehakif	לְהַקִיף
littoral (m)	χof	חוֹף (ז)
côte (f)	χof yam	חוֹף יָם (ז)
marée (f) haute	ge'ut	גֵאוּת (נ)
marée (f) basse	'ʃefel	שֵׁפֶל (ז)

banc (m) de sable	sirton	שִׂרטוֹן (ז)
fond (m)	karka'it	קַרקָעִית (נ)
vague (f)	gal	גַל (ז)
crête (f) de la vague	pisgat hagal	פִּסגַת הַגַל (נ)
mousse (f)	'ketsef	קֶצֶף (ז)
tempête (f) en mer	sufa	סוּפָה (נ)
ouragan (m)	hurikan	הוּרִיקָן (ז)
tsunami (m)	tsu'nami	צוּנָאמִי (ז)
calme (m)	'roga	רוֹגַע (ז)
calme (tranquille)	ʃalev	שָלֵו
pôle (m)	'kotev	קוֹטֶב (ז)
polaire (adj)	kotbi	קוֹטבִּי
latitude (f)	kav 'roxav	קו רוֹחַב (ז)
longitude (f)	kav 'orex	קו אוֹרֶך (ז)
parallèle (f)	kav 'roxav	קו רוֹחַב (ז)
équateur (m)	kav hamaʃve	קו הַמַשוֶוה (ז)
ciel (m)	ʃa'mayim	שָמַיִים (ז"ר)
horizon (m)	'ofek	אוֹפֶק (ז)
air (m)	avir	אֲוִויר (ז)
phare (m)	migdalor	מִגדַלוֹר (ז)
plonger (vi)	litslol	לִצלוֹל
sombrer (vi)	lit'bo'a	לִטבּוֹעַ
trésor (m)	otsarot	אוֹצָרוֹת (ז"ר)

78. Les noms des mers et des océans

océan (m) Atlantique	ha'ok'yanus ha'at'lanti	הָאוֹקיָינוֹס הָאַטלַנטִי (ז)
océan (m) Indien	ha'ok'yanus ha'hodi	הָאוֹקיָינוֹס הַהוֹדִי (ז)
océan (m) Pacifique	ha'ok'yanus haʃaket	הָאוֹקיָינוֹס הַשָקֵט (ז)
océan (m) Glacial	ok'yanos ha'kerax hatsfoni	אוֹקיָינוֹס הַקֶרַח הַצפוֹנִי (ז)
mer (f) Noire	hayam haʃaxor	הַיָם הַשָחוֹר (ז)
mer (f) Rouge	yam suf	יַם סוּף (ז)
mer (f) Jaune	hayam hatsahov	הַיָם הַצָהוֹב (ז)
mer (f) Blanche	hayam halavan	הַיָם הַלָבָן (ז)
mer (f) Caspienne	hayam ha'kaspi	הַיָם הַכַּספִּי (ז)
mer (f) Morte	yam ha'melax	יַם הַמֶלַח (ז)
mer (f) Méditerranée	hayam hatixon	הַיָם הַתִיכוֹן (ז)
mer (f) Égée	hayam ha'e'ge'i	הַיָם הָאֶגֶאִי (ז)
mer (f) Adriatique	hayam ha'adri'yati	הַיָם הָאַדרִיָאתִי (ז)
mer (f) Arabique	hayam ha'aravi	הַיָם הָעֲרָבִי (ז)
mer (f) du Japon	hayam haya'pani	הַיָם הַיַפָּנִי (ז)
mer (f) de Béring	yam 'bering	יַם בֶּרִינג (ז)
mer (f) de Chine Méridionale	yam sin hadromi	יַם סִין הַדרוֹמִי (ז)
mer (f) de Corail	yam ha'almogim	יַם הָאַלמוֹגִים (ז)

mer (f) de Tasman	yam tasman	יַם טַסמַן (ז)
mer (f) Caraïbe	hayam haka'ribi	הַיָם הַקָרִיבִּי (ז)
mer (f) de Barents	yam 'barents	יַם בָּרֶנץ (ז)
mer (f) de Kara	yam 'kara	יַם קָארָה (ז)
mer (f) du Nord	hayam hatsfoni	הַיָם הַצפוֹנִי (ז)
mer (f) Baltique	hayam ha'balti	הַיָם הַבָּלטִי (ז)
mer (f) de Norvège	hayam hanor'vegi	הַיָם הַנוֹרבֶגִי (ז)

79. Les montagnes

montagne (f)	har	הַר (ז)
chaîne (f) de montagnes	'reχes harim	רֶכֶס הָרִים (ז)
crête (f)	'reχes har	רֶכֶס הַר (ז)
sommet (m)	pisga	פִּסגָה (נ)
pic (m)	pisga	פִּסגָה (נ)
pied (m)	margelot	מַרגְלוֹת (נ״ר)
pente (f)	midron	מִדרוֹן (ז)
volcan (m)	har 'ga'aʃ	הַר גַעַש (ז)
volcan (m) actif	har 'ga'aʃ pa'il	הַר גַעַש פָּעִיל (ז)
volcan (m) éteint	har 'ga'aʃ radum	הַר גַעַש רָדוּם (ז)
éruption (f)	hitpartsut	הִתפָּרצוּת (נ)
cratère (m)	lo'a	לוֹעַ (ז)
magma (m)	megama	מָגמָה (נ)
lave (f)	'lava	לָאבָה (נ)
en fusion (lave ~)	lohet	לוֹהֵט
canyon (m)	kanyon	קָניוֹן (ז)
défilé (m) (gorge)	gai	גַיא (ז)
crevasse (f)	'beka	בֶּקַע (ז)
précipice (m)	tehom	תְהוֹם (נ)
col (m) de montagne	ma'avar harim	מַעֲבָר הָרִים (ז)
plateau (m)	rama	רָמָה (נ)
rocher (m)	tsuk	צוּק (ז)
colline (f)	giv'a	גִבעָה (נ)
glacier (m)	karχon	קַרחוֹן (ז)
chute (f) d'eau	mapal 'mayim	מַפַּל מַיִם (ז)
geyser (m)	'geizer	גֵייזֶר (ז)
lac (m)	agam	אֲגַם (ז)
plaine (f)	miʃor	מִישוֹר (ז)
paysage (m)	nof	נוֹף (ז)
écho (m)	hed	הֵד (ז)
alpiniste (m)	metapes harim	מְטַפֵּס הָרִים (ז)
varappeur (m)	metapes sla'im	מְטַפֵּס סלָעִים (ז)
conquérir (vt)	liχboʃ	לִכבּוֹש
ascension (f)	tipus	טִיפּוּס (ז)

80. Les noms des chaînes de montagne

Alpes (f pl)	harei ha''alpim	הָרֵי הָאַלְפִּים (ז״ר)
Mont Blanc (m)	mon blan	מוֹן בְּלָאן (ז)
Pyrénées (f pl)	pire'ne'im	פִּירֶנֶאִים (ז״ר)
Carpates (f pl)	kar'patim	קַרְפָּטִים (ז״ר)
Monts Oural (m pl)	harei ural	הָרֵי אוּרָל (ז״ר)
Caucase (m)	harei hakavkaz	הָרֵי הַקַּווקָז (ז״ר)
Elbrous (m)	elbrus	אֶלְבְּרוּס (ז)
Altaï (m)	harei altai	הָרֵי אַלְטַאי (ז״ר)
Tian Chan (m)	tyan ʃan	טְיָאן שָׁאן (ז)
Pamir (m)	harei pamir	הָרֵי פָּאמִיר (ז״ר)
Himalaya (m)	harei hehima'laya	הָרֵי הַהִימָלָאיָה (ז״ר)
Everest (m)	everest	אֶוֶורֶסְט (ז)
Andes (f pl)	harei ha''andim	הָרֵי הָאַנְדִים (ז״ר)
Kilimandjaro (m)	kiliman'dʒaro	קִילִימַנְגָ'רוֹ (ז)

81. Les fleuves

rivière (f), fleuve (m)	nahar	נָהָר (ז)
source (f)	ma'ayan	מַעְיָן (ז)
lit (m) (d'une rivière)	afik	אָפִיק (ז)
bassin (m)	agan nahar	אַגַן נָהָר (ז)
se jeter dans ...	lehiʃapeχ	לְהִישָּׁפֵךְ
affluent (m)	yuval	יוּבַל (ז)
rive (f)	χof	חוֹף (ז)
courant (m)	'zerem	זֶרֶם (ז)
en aval	bemorad hanahar	בְּמוֹרַד הַנָהָר
en amont	bema'ale hanahar	בְּמַעֲלֵה הַזֶרֶם
inondation (f)	hatsafa	הֲצָפָה (נ)
les grandes crues	ʃitafon	שִׁיטָפוֹן (ז)
déborder (vt)	la'alot al gdotav	לַעֲלוֹת עַל גדוֹתָיו
inonder (vt)	lehatsif	לְהָצִיף
bas-fond (m)	sirton	שִׂרטוֹן (ז)
rapide (m)	'eʃed	אֶשֶׁד (ז)
barrage (m)	'seχer	סֶכֶר (ז)
canal (m)	te'ala	תְּעָלָה (נ)
lac (m) de barrage	ma'agar 'mayim	מַאֲגָר מַיִם (ז)
écluse (f)	ta 'ʃayit	תָא שַׁיִט (ז)
plan (m) d'eau	ma'agar 'mayim	מַאֲגָר מַיִם (ז)
marais (m)	bitsa	בִּיצָה (נ)
fondrière (f)	bitsa	בִּיצָה (נ)
tourbillon (m)	me'ar'bolet	מְעַרבּוֹלֶת (נ)
ruisseau (m)	'naχal	נַחַל (ז)

potable (adj)	ʃel ʃtiya	שֶׁל שתִייָה
douce (l'eau ~)	metukim	מְתוּקִים
glace (f)	'keraχ	קֶרַח (ז)
être gelé	likpo	לִקפּוֹא

82. Les noms des fleuves

Seine (f)	hasen	הסֶן (ז)
Loire (f)	lu'ar	לוּאָר (ז)
Tamise (f)	'temza	תֶמזָה (ז)
Rhin (m)	hrain	הרַיין (ז)
Danube (m)	da'nuba	דָנוּבָּה (ז)
Volga (f)	'volga	ווֹלגָה (ז)
Don (m)	nahar don	נָהָר דוֹן (ז)
Lena (f)	'lena	לֶנָה (ז)
Huang He (m)	hvang ho	הוּוַנג הוֹ (ז)
Yangzi Jiang (m)	yangtse	יַאנגצֶה (ז)
Mékong (m)	mekong	מֶקוֹנג (ז)
Gange (m)	'ganges	גַנגֶס (ז)
Nil (m)	'nilus	נִילוּס (ז)
Congo (m)	'kongo	קוֹנגוֹ (ז)
Okavango (m)	ok'vango	אוֹקָבַנגוֹ (ז)
Zambèze (m)	zam'bezi	זַמבֶּזִי (ז)
Limpopo (m)	limpopo	לִימפּוֹפּוֹ (ז)
Mississippi (m)	misi'sipi	מִיסִיסִיפִּי (ז)

83. La forêt

forêt (f)	'ya'ar	יַעַר (ז)
forestier (adj)	ʃel 'ya'ar	שֶׁל יַעַר
fourré (m)	avi ha'ya'ar	עֲבִי הַיַעַר (ז)
bosquet (m)	χurʃa	חוּרשָה (נ)
clairière (f)	ka'raχat 'ya'ar	קָרַחַת יַעַר (נ)
broussailles (f pl)	svaχ	סבַך (ז)
taillis (m)	'siaχ	שִׂיחַ (ז)
sentier (m)	ʃvil	שבִיל (ז)
ravin (m)	'emek tsar	עֵמֶק צַר (ז)
arbre (m)	ets	עֵץ (ז)
feuille (f)	ale	עָלֶה (ז)
feuillage (m)	alva	עַלווָה (נ)
chute (f) de feuilles	ʃa'leχet	שַלֶכֶת (נ)
tomber (feuilles)	linʃor	לִנשוֹר

sommet (m)	tsa'meret	צַמֶּרֶת (נ)
rameau (m)	anaf	עָנָף (ז)
branche (f)	anaf ave	עָנָף עָבֶה (ז)
bourgeon (m)	nitsan	נִיצָן (ז)
aiguille (f)	'maχat	מַחַט (נ)
pomme (f) de pin	itstrubal	אִצטרוּבָּל (ז)
creux (m)	χor ba'ets	חוֹר בָּעֵץ (ז)
nid (m)	ken	קֵן (ז)
terrier (m) (~ d'un renard)	meχila	מְחִילָה (נ)
tronc (m)	'geza	גֶזַע (ז)
racine (f)	'ʃoreʃ	שוֹרֶש (ז)
écorce (f)	klipa	קלִיפָּה (נ)
mousse (f)	taχav	טַחַב (ז)
déraciner (vt)	la'akor	לַעֲקוֹר
abattre (un arbre)	liχrot	לִכרוֹת
déboiser (vt)	levare	לְבָרֵא
souche (f)	'gedem	גֶדֶם (ז)
feu (m) de bois	medura	מְדוּרָה (נ)
incendie (m)	srefa	שׂרֵיפָה (נ)
éteindre (feu)	leχabot	לְכַבּוֹת
garde (m) forestier	ʃomer 'ya'ar	שוֹמֵר יַעַר (ז)
protection (f)	ʃmira	שמִירָה (נ)
protéger (vt)	liʃmor	לִשמוֹר
braconnier (m)	tsayad lelo reʃut	צַייָד לְלֹא רְשוּת (ז)
piège (m) à mâchoires	mal'kodet	מַלכּוֹדֶת (נ)
cueillir (vt)	lelaket	לְלַקֵט
s'égarer (vp)	lit'ot	לִתעוֹת

84. Les ressources naturelles

ressources (f pl) naturelles	otsarot 'teva	אוֹצָרוֹת טֶבַע (ז"ר)
minéraux (m pl)	mine'ralim	מִינֶרָלִים (ז"ר)
gisement (m)	mirbats	מִרבָּץ (ז)
champ (m) (~ pétrolifère)	mirbats	מִרבָּץ (ז)
extraire (vt)	liχrot	לִכרוֹת
extraction (f)	kriya	כּרִייָה (נ)
minerai (m)	afra	עַפרָה (נ)
mine (f) (site)	miχre	מִכרֶה (ז)
puits (m) de mine	pir	פִּיר (ז)
mineur (m)	kore	כּוֹרֶה (ז)
gaz (m)	gaz	גָז (ז)
gazoduc (m)	tsinor gaz	צִינוֹר גָז (ז)
pétrole (m)	neft	נֵפט (ז)
pipeline (m)	tsinor neft	צִינוֹר נֵפט (ז)
tour (f) de forage	be'er neft	בְּאֵר נֵפט (נ)

derrick (m)	migdal ki'duaχ	מִגדַל קידוּחַ (ז)
pétrolier (m)	meχalit	מְיכָלִית (נ)
sable (m)	χol	חוֹל (ז)
calcaire (m)	'even gir	אֶבֶן גִּיר (נ)
gravier (m)	χatsats	חָצָץ (ז)
tourbe (f)	kavul	כָּבוּל (ז)
argile (f)	tit	טִיט (ז)
charbon (m)	peχam	פֶּחָם (ז)
fer (m)	barzel	בַּרזֶל (ז)
or (m)	zahav	זָהָב (ז)
argent (m)	'kesef	כֶּסֶף (ז)
nickel (m)	'nikel	נִיקֶל (ז)
cuivre (m)	ne'χoʃet	נְחוֹשֶת (נ)
zinc (m)	avats	אָבָץ (ז)
manganèse (m)	mangan	מַנגָן (ז)
mercure (m)	kaspit	כַּספִּית (נ)
plomb (m)	o'feret	עוֹפֶרֶת (נ)
minéral (m)	mineral	מִינֶרָל (ז)
cristal (m)	gaviʃ	גָבִיש (ז)
marbre (m)	'ʃayiʃ	שַיִש (ז)
uranium (m)	u'ranyum	אוּרַניוּם (ז)

85. Le temps

temps (m)	'mezeg avir	מֶזֶג אֲוִויר (ז)
météo (f)	taχazit 'mezeg ha'avir	תַחֲזִית מֶזֶג הָאֲוִויר (נ)
température (f)	tempera'tura	טֶמפֶּרָטוּרָה (נ)
thermomètre (m)	madχom	מַדחוֹם (ז)
baromètre (m)	ba'rometer	בָּרוֹמֶטֶר (ז)
humide (adj)	laχ	לַח
humidité (f)	laχut	לַחוּת (נ)
chaleur (f) (canicule)	χom	חוֹם (ז)
torride (adj)	χam	חַם
il fait très chaud	χam	חַם
il fait chaud	χamim	חַמִים
chaud (modérément)	χamim	חַמִים
il fait froid	kar	קַר
froid (adj)	kar	קַר
soleil (m)	'ʃemeʃ	שֶמֶש (נ)
briller (soleil)	lizhor	לִזהוֹר
ensoleillé (jour ~)	ʃimʃi	שִמשִי
se lever (vp)	liz'roaχ	לִזרוֹחַ
se coucher (vp)	liʃko'a	לִשקוֹעַ
nuage (m)	anan	עָנָן (ז)
nuageux (adj)	me'unan	מְעוּנָן

nuée (f)	av	עָב (ז)
sombre (adj)	sagriri	סַגרִירִי
pluie (f)	'geʃem	גֶשֶׁם (ז)
il pleut	yored 'geʃem	יוֹרֵד גֶשֶׁם
pluvieux (adj)	gaʃum	גָשׁוּם
bruiner (v imp)	letaftef	לְטַפטֵף
pluie (f) torrentielle	matar	מָטָר (ז)
averse (f)	mabul	מַבּוּל (ז)
forte (la pluie ~)	χazak	חָזָק
flaque (f)	ʃlulit	שלולִית (נ)
se faire mouiller	lehitratev	לְהִתרַטֵב
brouillard (m)	arapel	עֲרָפֶל (ז)
brumeux (adj)	me'urpal	מְעוּרפָל
neige (f)	'ʃeleg	שֶׁלֶג (ז)
il neige	yored 'ʃeleg	יוֹרֵד שֶׁלֶג

86. Les intempéries. Les catastrophes naturelles

orage (m)	sufat re'amim	סוּפַת רְעָמִים (נ)
éclair (m)	barak	בָּרָק (ז)
éclater (foudre)	livhok	לִבהוֹק
tonnerre (m)	'ra'am	רַעַם (ז)
gronder (tonnerre)	lir'om	לִרעוֹם
le tonnerre gronde	lir'om	לִרעוֹם
grêle (f)	barad	בָּרָד (ז)
il grêle	yored barad	יוֹרֵד בָּרָד
inonder (vt)	lehatsif	לְהָצִיף
inondation (f)	ʃitafon	שִׁיטָפוֹן (ז)
tremblement (m) de terre	re'idat adama	רְעִידַת אֲדָמָה (נ)
secousse (f)	re'ida	רְעִידָה (נ)
épicentre (m)	moked	מוֹקֵד (ז)
éruption (f)	hitpartsut	הִתפָּרצוּת (נ)
lave (f)	'lava	לָאבָה (נ)
tourbillon (m)	hurikan	הוּרִיקָן (ז)
tornade (f)	tor'nado	טוֹרנָדוֹ (ז)
typhon (m)	taifun	טַייפוּן (ז)
ouragan (m)	hurikan	הוּרִיקָן (ז)
tempête (f)	sufa	סוּפָה (נ)
tsunami (m)	tsu'nami	צוּנָאמִי (ז)
cyclone (m)	tsiklon	צִיקלוֹן (ז)
intempéries (f pl)	sagrir	סַגרִיר (ז)
incendie (m)	srefa	שׂרֵיפָה (נ)
catastrophe (f)	ason	אָסוֹן (ז)

météorite (m)	mete'orit	מֶטֶאוֹרִיט (ז)
avalanche (f)	ma'polet ʃlagim	מַפּוֹלֶת שְׁלָגִים (נ)
éboulement (m)	ma'polet ʃlagim	מַפּוֹלֶת שְׁלָגִים (נ)
blizzard (m)	sufat ʃlagim	סוּפַת שְׁלָגִים (נ)
tempête (f) de neige	sufat ʃlagim	סוּפַת שְׁלָגִים (נ)

LA FAUNE

87. Les mammifères. Les prédateurs

prédateur (m)	χayat 'teref	חַיַּת טֶרֶף (נ)
tigre (m)	'tigris	טִיגְרִיס (ז)
lion (m)	arye	אַרְיֵה (ז)
loup (m)	ze'ev	זְאֵב (ז)
renard (m)	ʃu'al	שׁוּעָל (ז)
jaguar (m)	yagu'ar	יָגוּאָר (ז)
léopard (m)	namer	נָמֵר (ז)
guépard (m)	bardelas	בַּרְדְלָס (ז)
panthère (f)	panter	פַּנְתֵר (ז)
puma (m)	'puma	פּוּמָה (נ)
léopard (m) de neiges	namer 'ʃeleg	נָמֵר שֶׁלֶג (ז)
lynx (m)	ʃunar	שׁוּנָר (ז)
coyote (m)	ze'ev ha'aravot	זְאֵב הָעֲרָבוֹת (ז)
chacal (m)	tan	תַּן (ז)
hyène (f)	tsa'vo'a	צָבוֹעַ (ז)

88. Les animaux sauvages

animal (m)	'ba'al χayim	בַּעַל חַיִּים (ז)
bête (f)	χaya	חַיָּה (נ)
écureuil (m)	sna'i	סְנָאִי (ז)
hérisson (m)	kipod	קִיפּוֹד (ז)
lièvre (m)	arnav	אַרְנָב (ז)
lapin (m)	ʃafan	שָׁפָן (ז)
blaireau (m)	girit	גִירִית (נ)
raton (m)	dvivon	דְבִיבוֹן (ז)
hamster (m)	oger	אוֹגֵר (ז)
marmotte (f)	mar'mita	מַרְמִיטָה (נ)
taupe (f)	χafar'peret	חֲפַרְפֶּרֶת (נ)
souris (f)	aχbar	עַכְבָּר (ז)
rat (m)	χulda	חוּלְדָה (נ)
chauve-souris (f)	atalef	עֲטַלֵף (ז)
hermine (f)	hermin	הֶרְמִין (ז)
zibeline (f)	tsobel	צוֹבֶל (ז)
martre (f)	dalak	דָלָק (ז)
belette (f)	χamus	חָמוּס (ז)
vison (m)	χorfan	חוֹרְפָן (ז)

castor (m)	bone	בּוֹנֶה (ז)
loutre (f)	lutra	לוּטרָה (נ)
cheval (m)	sus	סוּס (ז)
élan (m)	ayal hakore	אַיַּל הַקוֹרֵא (ז)
cerf (m)	ayal	אַיָּל (ז)
chameau (m)	gamal	גָמָל (ז)
bison (m)	bizon	בִּיזוֹן (ז)
aurochs (m)	bizon ei'ropi	בִּיזוֹן אֵירוֹפִּי (ז)
buffle (m)	te'o	תְאוֹ (ז)
zèbre (m)	'zebra	זֶבּרָה (נ)
antilope (f)	anti'lopa	אַנטִילוֹפָּה (ז)
chevreuil (m)	ayal hakarmel	אַיַּל הַכַּרמֶל (ז)
biche (f)	yaχmur	יַחמוּר (ז)
chamois (m)	ya'el	יָעֵל (ז)
sanglier (m)	χazir bar	חֲזִיר בָּר (ז)
baleine (f)	livyatan	לִווייָתָן (ז)
phoque (m)	'kelev yam	כֶּלֶב יָם (ז)
morse (m)	sus yam	סוּס יָם (ז)
ours (m) de mer	dov yam	דוֹב יָם (ז)
dauphin (m)	dolfin	דוֹלפִין (ז)
ours (m)	dov	דוֹב (ז)
ours (m) blanc	dov 'kotev	דוֹב קוֹטֶב (ז)
panda (m)	'panda	פַּנדָה (נ)
singe (m)	kof	קוֹף (ז)
chimpanzé (m)	ʃimpanze	שִימפַּנזָה (נ)
orang-outang (m)	orang utan	אוֹרַנג־אוּטָן (ז)
gorille (m)	go'rila	גוֹרִילָה (נ)
macaque (m)	makak	מָקָק (ז)
gibbon (m)	gibon	גִיבּוֹן (ז)
éléphant (m)	pil	פִּיל (ז)
rhinocéros (m)	karnaf	קַרנַף (ז)
girafe (f)	dʒi'rafa	ג'ירָפָה (נ)
hippopotame (m)	hipopotam	הִיפּוֹפּוֹטָם (ז)
kangourou (m)	'kenguru	קֶנגוּרוּ (ז)
koala (m)	ko"ala	קוֹאָלָה (ז)
mangouste (f)	nemiya	נְמִייָה (נ)
chinchilla (m)	ʧin'ʧila	צִ'ינצִ'ילָה (נ)
mouffette (f)	bo'eʃ	בּוֹאֶש (ז)
porc-épic (m)	darban	דַרבָּן (ז)

89. Les animaux domestiques

chat (m) (femelle)	χatula	חֲתוּלָה (נ)
chat (m) (mâle)	χatul	חָתוּל (ז)
chien (m)	'kelev	כֶּלֶב (ז)

cheval (m)	sus	סוּס (ז)
étalon (m)	sus harba'a	סוּס הַרבָּעָה (ז)
jument (f)	susa	סוּסָה (נ)
vache (f)	para	פָּרָה (נ)
taureau (m)	ʃor	שׁוֹר (ז)
bœuf (m)	ʃor	שׁוֹר (ז)
brebis (f)	kivsa	כִּבשָׂה (נ)
mouton (m)	'ayil	אַיִל (ז)
chèvre (f)	ez	עֵז (נ)
bouc (m)	'tayiʃ	תַּיִשׁ (ז)
âne (m)	χamor	חֲמוֹר (ז)
mulet (m)	'pered	פֶּרֶד (ז)
cochon (m)	χazir	חֲזִיר (ז)
pourceau (m)	χazarzir	חֲזַרזִיר (ז)
lapin (m)	arnav	אַרנָב (ז)
poule (f)	tarne'golet	תַּרנְגוֹלֶת (נ)
coq (m)	tarnegol	תַּרנְגוֹל (ז)
canard (m)	barvaz	בַּרווָז (ז)
canard (m) mâle	barvaz	בַּרווָז (ז)
oie (f)	avaz	אֲווָז (ז)
dindon (m)	tarnegol 'hodu	תַּרנְגוֹל הוֹדוּ (ז)
dinde (f)	tarne'golet 'hodu	תַּרנְגוֹלֶת הוֹדוּ (נ)
animaux (m pl) domestiques	χayot 'bayit	חַיוֹת בַּיִת (נ״ר)
apprivoisé (adj)	mevuyat	מְבוּיָת
apprivoiser (vt)	levayet	לְבַייֵת
élever (vt)	lehar'bi'a	לְהַרבִּיעַ
ferme (f)	χava	חַווָה (נ)
volaille (f)	ofot 'bayit	עוֹפוֹת בַּיִת (נ״ר)
bétail (m)	bakar	בָּקָר (ז)
troupeau (m)	'eder	עֵדֶר (ז)
écurie (f)	urva	אוּרווָה (נ)
porcherie (f)	dir χazirim	דִיר חֲזִירִים (ז)
vacherie (f)	'refet	רֶפֶת (נ)
cabane (f) à lapins	arnaviya	אַרנָבִייָה (נ)
poulailler (m)	lul	לוּל (ז)

90. Les oiseaux

oiseau (m)	tsipor	צִיפּוֹר (נ)
pigeon (m)	yona	יוֹנָה (נ)
moineau (m)	dror	דרוֹר (ז)
mésange (f)	yargazi	יַרגָזִי (ז)
pie (f)	orev neχalim	עוֹרֵב נְחָלִים (ז)
corbeau (m)	orev ʃaχor	עוֹרֵב שָׁחוֹר (ז)

corneille (f)	orev afor	עוֹרֵב אָפוֹר (ז)
choucas (m)	ka'ak	קָאָק (ז)
freux (m)	orev hamizra	עוֹרֵב הַמִּזְרָע (ז)
canard (m)	barvaz	בַּרווָז (ז)
oie (f)	avaz	אָווָז (ז)
faisan (m)	pasyon	פַּסיוֹן (ז)
aigle (m)	'ayit	עַיִט (ז)
épervier (m)	nets	נֵץ (ז)
faucon (m)	baz	בַּז (ז)
vautour (m)	ozniya	עוֹזנִייָה (ז)
condor (m)	kondor	קוֹנדוֹר (ז)
cygne (m)	barbur	בַּרבּוּר (ז)
grue (f)	agur	עָגוּר (ז)
cigogne (f)	χasida	חֲסִידָה (נ)
perroquet (m)	'tuki	תוּכִּי (ז)
colibri (m)	ko'libri	קוֹלִיבּרִי (ז)
paon (m)	tavas	טַווָס (ז)
autruche (f)	bat yaʿana	בַּת יַעֲנָה (נ)
héron (m)	anafa	אֲנָפָה (נ)
flamant (m)	fla'mingo	פלָמִינגוֹ (ז)
pélican (m)	saknai	שַׂקנַאי (ז)
rossignol (m)	zamir	זָמִיר (ז)
hirondelle (f)	snunit	סנוּנִית (נ)
merle (m)	kiχli	קִיכלִי (ז)
grive (f)	kiχli mezamer	קִיכלִי מְזַמֵר (ז)
merle (m) noir	kiχli ʃaχor	קִיכלִי שָחוֹר (ז)
martinet (m)	sis	סִיס (ז)
alouette (f) des champs	efroni	עֶפרוֹנִי (ז)
caille (f)	slav	שׂלָיו (ז)
pivert (m)	'neker	נַקָר (ז)
coucou (m)	kukiya	קוּקִייָה (נ)
chouette (f)	yanʃuf	יַנשוּף (ז)
hibou (m)	'oaχ	אוֹחַ (ז)
tétras (m)	seχvi 'yaʿar	שֶׂכווִי יַעַר (ז)
tétras-lyre (m)	seχvi	שֶׂכווִי (ז)
perdrix (f)	χogla	חוֹגלָה (נ)
étourneau (m)	zarzir	זַרזִיר (ז)
canari (m)	ka'narit	קָנָרִית (נ)
gélinotte (f) des bois	seχvi hayaʿarot	שֶׂכווִי הַיְעָרוֹת (ז)
pinson (m)	paroʃ	פְּרוּש (ז)
bouvreuil (m)	admonit	אַדמוֹנִית (נ)
mouette (f)	'ʃaχaf	שַחַף (ז)
albatros (m)	albatros	אַלבַּטרוֹס (ז)
pingouin (m)	pingvin	פִּינגווִין (ז)

91. Les poissons. Les animaux marins

brème (f)	avroma	אַברוֹמָה (נ)
carpe (f)	karpiyon	קַרפִּיוֹן (ז)
perche (f)	'okunus	אוֹקוּנוּס (ז)
silure (m)	sfamnun	שְׂפַמנוּן (ז)
brochet (m)	ze'ev 'mayim	זְאֵב מַיִם (ז)
saumon (m)	'salmon	סַלמוֹן (ז)
esturgeon (m)	χidkan	חִדקָן (ז)
hareng (m)	ma'liaχ	מָלִיחַ (ז)
saumon (m) atlantique	iltit	אִילתִית (נ)
maquereau (m)	makarel	מָקָרֶל (ז)
flet (m)	dag moʃe ra'benu	דָג מֹשֶׁה רַבֵּנוּ (ז)
sandre (f)	amnun	אַמנוּן (ז)
morue (f)	ʃibut	שִיבּוּט (ז)
thon (m)	'tuna	טוּנָה (נ)
truite (f)	forel	פוֹרֶל (ז)
anguille (f)	tslofaχ	צְלוֹפָח (ז)
torpille (f)	trisanit	תְרִיסָנִית (נ)
murène (f)	mo'rena	מוֹרֶנָה (נ)
piranha (m)	pi'ranya	פִּירַנְיָה (נ)
requin (m)	kariʃ	כָּרִיש (ז)
dauphin (m)	dolfin	דוֹלפִין (ז)
baleine (f)	livyatan	לִוויָתָן (ז)
crabe (m)	sartan	סַרטָן (ז)
méduse (f)	me'duza	מֶדוּזָה (נ)
pieuvre (f), poulpe (m)	tamnun	תַמנוּן (ז)
étoile (f) de mer	koχav yam	כּוֹכַב יָם (ז)
oursin (m)	kipod yam	קִיפּוֹד יָם (ז)
hippocampe (m)	suson yam	סוּסוֹן יָם (ז)
huître (f)	tsidpa	צִדפָּה (נ)
crevette (f)	χasilon	חֲסִילוֹן (ז)
homard (m)	'lobster	לוֹבּסטֶר (ז)
langoustine (f)	'lobster kotsani	לוֹבּסטֶר קוֹצָנִי (ז)

92. Les amphibiens. Les reptiles

serpent (m)	naχaʃ	נָחָש (ז)
venimeux (adj)	arsi	אַרסִי
vipère (f)	'tsefa	צֶפַע (ז)
cobra (m)	'peten	פֶּתֶן (ז)
python (m)	piton	פִּיתוֹן (ז)
boa (m)	χanak	חַנָק (ז)
couleuvre (f)	naχaʃ 'mayim	נְחַש מַיִם (ז)

serpent (m) à sonnettes	ʃfifon	שפיפון (ז)
anaconda (m)	ana'konda	אָנָקוֹנדָה (נ)
lézard (m)	leta'a	לְטָאָה (נ)
iguane (m)	igu''ana	אִיגוּאָנָה (נ)
varan (m)	'koaχ	כּוֹחַ (ז)
salamandre (f)	sala'mandra	סָלָמַנדרָה (נ)
caméléon (m)	zikit	זִיקִית (נ)
scorpion (m)	akrav	עַקרָב (ז)
tortue (f)	tsav	צָב (ז)
grenouille (f)	tsfar'de'a	צפַרדֵעַ (נ)
crapaud (m)	karpada	קַרפָּדָה (נ)
crocodile (m)	tanin	תַנִין (ז)

93. Les insectes

insecte (m)	χarak	חָרָק (ז)
papillon (m)	parpar	פַּרפַּר (ז)
fourmi (f)	nemala	נְמָלָה (נ)
mouche (f)	zvuv	זבוּב (ז)
moustique (m)	yatuʃ	יַתוּש (ז)
scarabée (m)	χipuʃit	חִיפּוּשִית (נ)
guêpe (f)	tsir'a	צִרעָה (נ)
abeille (f)	dvora	דבוֹרָה (נ)
bourdon (m)	dabur	דַבּוּר (ז)
œstre (m)	zvuv hasus	זבוּב הַסוּס (ז)
araignée (f)	akaviʃ	עַכָּבִיש (ז)
toile (f) d'araignée	kurei akaviʃ	קוּרֵי עַכָּבִיש (ז"ר)
libellule (f)	ʃapirit	שַפִּירִית (נ)
sauterelle (f)	χagav	חָגָב (ז)
papillon (m)	aʃ	עָש (ז)
cafard (m)	makak	מַקָק (ז)
tique (f)	kartsiya	קַרצִיָה (נ)
puce (f)	par'oʃ	פַּרעוֹש (ז)
moucheron (m)	yavχuʃ	יַבחוּש (ז)
criquet (m)	arbe	אַרבֶּה (ז)
escargot (m)	χilazon	חִילָזוֹן (ז)
grillon (m)	tsartsar	צרָצַר (ז)
luciole (f)	gaχlilit	גַחלִילִית (נ)
coccinelle (f)	parat moʃe ra'benu	פָּרַת מֹשֶה רַבֵּנוּ (נ)
hanneton (m)	χipuʃit aviv	חִיפּוּשִית אָבִיב (נ)
sangsue (f)	aluka	עֲלוּקָה (נ)
chenille (f)	zaχal	זַחַל (ז)
ver (m)	to'la'at	תוֹלַעַת (נ)
larve (f)	'deren	דֶרֶן (ז)

LA FLORE

94. Les arbres

arbre (m)	ets	עֵץ (ז)
à feuilles caduques	naʃir	נָשִיר
conifère (adj)	maχtani	מַחטָנִי
à feuilles persistantes	yarok ad	יָרוֹק עַד
pommier (m)	ta'puaχ	תַפּוּחַ (ז)
poirier (m)	agas	אַגָס (ז)
merisier (m)	gudgedan	גוּדגְדָן (ז)
cerisier (m)	duvdevan	דוּבדְבָן (ז)
prunier (m)	ʃezif	שְזִיף (ז)
bouleau (m)	ʃadar	שָדָר (ז)
chêne (m)	alon	אַלוֹן (ז)
tilleul (m)	'tilya	טִילְיָה (נ)
tremble (m)	aspa	אַספָּה (נ)
érable (m)	'eder	אֶדֶר (ז)
épicéa (m)	a'ʃuaχ	אַשוּחַ (ז)
pin (m)	'oren	אוֹרֶן (ז)
mélèze (m)	arzit	אַרזִית (נ)
sapin (m)	a'ʃuaχ	אַשוּחַ (ז)
cèdre (m)	'erez	אֶרֶז (ז)
peuplier (m)	tsaftsefa	צַפצָפָה (נ)
sorbier (m)	ben χuzrar	בֶּן־חוּזרָר (ז)
saule (m)	arava	עֲרָבָה (נ)
aune (m)	alnus	אַלנוּס (ז)
hêtre (m)	aʃur	אָשוּר (ז)
orme (m)	bu'kitsa	בּוּקִיצָה (נ)
frêne (m)	mela	מֵילָה (נ)
marronnier (m)	armon	עַרמוֹן (ז)
magnolia (m)	mag'nolya	מַגנוֹלְיָה (נ)
palmier (m)	'dekel	דֶקֶל (ז)
cyprès (m)	broʃ	בְּרוֹש (ז)
palétuvier (m)	mangrov	מַנגרוֹב (ז)
baobab (m)	ba'obab	בָּאוֹבָּב (ז)
eucalyptus (m)	eika'liptus	אֵיקָלִיפּטוּס (ז)
séquoia (m)	sek'voya	סֶקווֹיָה (נ)

95. Les arbustes

buisson (m)	'siaχ	שִׂיחַ (ז)
arbrisseau (m)	'siaχ	שִׂיחַ (ז)

vigne (f)	'gefen	גֶּפֶן (ז)
vigne (f) (vignoble)	'kerem	כֶּרֶם (ז)
framboise (f)	'petel	פֶּטֶל (ז)
cassis (m)	'siaχ dumdemaniyot ʃχorot	שִׂיחַ דוּמְדְמָנִיּוֹת שחוֹרוֹת (ז)
groseille (f) rouge	'siaχ dumdemaniyot adumot	שִׂיחַ דוּמְדְמָנִיּוֹת אֲדוּמוֹת (ז)
groseille (f) verte	χazarzar	חֲזַרזָר (ז)
acacia (m)	ʃita	שִׁיטָה (נ)
berbéris (m)	berberis	בֶּרבֶּרִיס (ז)
jasmin (m)	yasmin	יַסמִין (ז)
genévrier (m)	ar'ar	עַרעָר (ז)
rosier (m)	'siaχ vradim	שִׂיחַ ורָדִים (ז)
églantier (m)	'vered bar	וֶרֶד בָּר (ז)

96. Les fruits. Les baies

fruit (m)	pri	פּרִי (ז)
fruits (m pl)	perot	פֵּירוֹת (ז"ר)
pomme (f)	ta'puaχ	תַפּוּחַ (ז)
poire (f)	agas	אַגָס (ז)
prune (f)	ʃezif	שְׁזִיף (ז)
fraise (f)	tut sade	תוּת שָׂדֶה (ז)
cerise (f)	duvdevan	דוּבדְבָן (ז)
merise (f)	gudgedan	גוּדגְדָן (ז)
raisin (m)	anavim	עֲנָבִים (ז"ר)
framboise (f)	'petel	פֶּטֶל (ז)
cassis (m)	dumdemanit ʃχora	דוּמדְמָנִית שחוֹרָה (נ)
groseille (f) rouge	dumdemanit aduma	דוּמדְמָנִית אֲדוּמָה (נ)
groseille (f) verte	χazarzar	חֲזַרזָר (ז)
canneberge (f)	χamutsit	חֲמוּצִית (נ)
orange (f)	tapuz	תַפּוּז (ז)
mandarine (f)	klemen'tina	קלֶמֶנטִינָה (נ)
ananas (m)	'ananas	אָנָנָס (ז)
banane (f)	ba'nana	בַּנָנָה (נ)
datte (f)	tamar	תָמָר (ז)
citron (m)	limon	לִימוֹן (ז)
abricot (m)	'miʃmeʃ	מִשמֵש (ז)
pêche (f)	afarsek	אֲפַרסֵק (ז)
kiwi (m)	'kivi	קִיוִוי (ז)
pamplemousse (m)	eʃkolit	אֶשכּוֹלִית (נ)
baie (f)	garger	גַרגֵר (ז)
baies (f pl)	gargerim	גַרגְרִים (ז"ר)
airelle (f) rouge	uχmanit aduma	אוּכמָנִית אֲדוּמָה (נ)
fraise (f) des bois	tut 'ya'ar	תוּת יַעַר (ז)
myrtille (f)	uχmanit	אוּכמָנִית (נ)

97. Les fleurs. Les plantes

fleur (f)	'peraχ	פֶּרַח (ז)
bouquet (m)	zer	זֵר (ז)
rose (f)	'vered	וֶרֶד (ז)
tulipe (f)	tsiv'oni	צִבעוֹנִי (ז)
oeillet (m)	tsi'poren	צִיפּוֹרֶן (ז)
glaïeul (m)	glad'yola	גלַדיוֹלָה (נ)
bleuet (m)	dganit	דגָנִיָה (נ)
campanule (f)	pa'amonit	פַּעֲמוֹנִית (נ)
dent-de-lion (f)	ʃinan	שִינָן (ז)
marguerite (f)	kamomil	קָמוֹמִיל (ז)
aloès (m)	alvai	אַלוַי (ז)
cactus (m)	'kaktus	קַקטוּס (ז)
ficus (m)	'fikus	פִיקוּס (ז)
lis (m)	ʃoʃana	שוֹשָנָה (נ)
géranium (m)	ge'ranyum	גֶרַניוּם (ז)
jacinthe (f)	yakinton	יָקִינטוֹן (ז)
mimosa (m)	mi'moza	מִימוֹזָה (נ)
jonquille (f)	narkis	נַרקִיס (ז)
capucine (f)	'kova hanazir	כּוֹבַע הַנָזִיר (ז)
orchidée (f)	saχlav	סַחלָב (ז)
pivoine (f)	admonit	אַדמוֹנִית (נ)
violette (f)	sigalit	סִיגָלִית (נ)
pensée (f)	amnon vetamar	אַמנוֹן וְתָמָר (ז)
myosotis (m)	ziχ'rini	זִכרִינִי (ז)
pâquerette (f)	marganit	מַרגָנִית (נ)
coquelicot (m)	'pereg	פֶּרֶג (ז)
chanvre (m)	ka'nabis	קָנָאבִּיס (ז)
menthe (f)	'menta	מֶנתָה (נ)
muguet (m)	zivanit	זִיווָנִית (נ)
perce-neige (f)	ga'lantus	גָלַנטוּס (ז)
ortie (f)	sirpad	סִרפָּד (ז)
oseille (f)	χum'a	חוּמעָה (נ)
nénuphar (m)	nufar	נוּפָר (ז)
fougère (f)	ʃaraχ	שָרָך (ז)
lichen (m)	χazazit	חֲזָזִית (נ)
serre (f) tropicale	χamama	חֲמָמָה (נ)
gazon (m)	midʃa'a	מִדשָאָה (נ)
parterre (m) de fleurs	arugat praχim	עֲרוּגַת פּרָחִים (נ)
plante (f)	'tsemaχ	צֶמַח (ז)
herbe (f)	'deʃe	דֶשֶא (ז)
brin (m) d'herbe	giv'ol 'esev	גִבעוֹל עֵשֶׂב (ז)

feuille (f)	ale	עָלֶה (ז)
pétale (m)	ale ko'teret	עָלֵה כּוֹתֶרֶת (ז)
tige (f)	giv'ol	גִבעוֹל (ז)
tubercule (m)	'pka'at	פְּקַעַת (נ)
pousse (f)	'nevet	נֶבֶט (ז)
épine (f)	kots	קוֹץ (ז)
fleurir (vi)	lif'roaχ	לִפרוֹחַ
se faner (vp)	linbol	לִנבּוֹל
odeur (f)	'reaχ	רֵיחַ (ז)
couper (vt)	ligzom	לִגזוֹם
cueillir (fleurs)	liktof	לִקטוֹף

98. Les céréales

grains (m pl)	tvu'a	תבוּאָה (נ)
céréales (f pl) (plantes)	dganim	דגָנִים (ז"ר)
épi (m)	ʃi'bolet	שִיבּוֹלֶת (נ)
blé (m)	χita	חִיטָה (נ)
seigle (m)	ʃifon	שִיפוֹן (ז)
avoine (f)	ʃi'bolet ʃu'al	שִיבּוֹלֶת שוּעָל (נ)
millet (m)	'doχan	דוֹחַן (ז)
orge (f)	se'ora	שְׂעוֹרָה (נ)
maïs (m)	'tiras	תִירָס (ז)
riz (m)	'orez	אוֹרֶז (ז)
sarrasin (m)	ku'semet	כּוּסֶמֶת (נ)
pois (m)	afuna	אֲפוּנָה (נ)
haricot (m)	ʃu'it	שְעוּעִית (נ)
soja (m)	'soya	סוֹיָה (נ)
lentille (f)	adaʃim	עֲדָשִים (נ"ר)
fèves (f pl)	pol	פּוֹל (ז)

LES PAYS DU MONDE

99. Les pays du monde. Partie 1

Afghanistan (m)	afganistan	אַפְגָנִיסטָן (נ)
Albanie (f)	al'banya	אַלבַּנִיָה (נ)
Allemagne (f)	ger'manya	גֶרמַנִיָה (נ)
Angleterre (f)	'angliya	אַנגלִיָה (נ)
Arabie (f) Saoudite	arav hasa'udit	עֲרָב הַסָעוּדִית (נ)
Argentine (f)	argen'tina	אַרגֶנטִינָה (נ)
Arménie (f)	ar'menya	אַרמֶנִיָה (נ)
Australie (f)	ost'ralya	אוֹסטרַלִיָה (נ)
Autriche (f)	'ostriya	אוֹסטרִיָה (נ)
Azerbaïdjan (m)	azerbaidʒan	אָזֶרבַּייגָ'ן (נ)
Bahamas (f pl)	iyey ba'hama	אִיֵי בָּהָאמָה (ז"ר)
Bangladesh (m)	bangladeʃ	בַּנגלָדֶש (נ)
Belgique (f)	'belgya	בֶּלגִיָה (נ)
Biélorussie (f)	'belarus	בֶּלָרוּס (נ)
Bolivie (f)	bo'livya	בּוֹלִיבִיָה (נ)
Bosnie (f)	'bosniya	בּוֹסנִיָה (נ)
Brésil (m)	brazil	בְּרָזִיל (נ)
Bulgarie (f)	bul'garya	בּוּלגַרִיָה (נ)
Cambodge (m)	kam'bodya	קַמבּוֹדִיָה (נ)
Canada (m)	'kanada	קָנָדָה (נ)
Chili (m)	'ʧile	צִ'ילֶה (נ)
Chine (f)	sin	סִין (נ)
Chypre (m)	kafrisin	קַפרִיסִין (נ)
Colombie (f)	ko'lombya	קוֹלוֹמבִּיָה (נ)
Corée (f) du Nord	ko'rei'a hatsfonit	קוֹרֵיאָה הַצפוֹנִית (נ)
Corée (f) du Sud	ko'rei'a hadromit	קוֹרֵיאָה הַדרוֹמִית (נ)
Croatie (f)	kro''atya	קרוֹאַטִיָה (נ)
Cuba (f)	'kuba	קוּבָּה (נ)
Danemark (m)	'denemark	דֶנֶמַרק (נ)
Écosse (f)	'skotland	סקוֹטלַנד (נ)
Égypte (f)	mits'rayim	מִצרַיִם (נ)
Équateur (m)	ekvador	אֶקוָודוֹר (נ)
Espagne (f)	sfarad	סְפָרַד (נ)
Estonie (f)	es'tonya	אֶסטוֹנִיָה (נ)
Les États Unis	artsot habrit	אַרצוֹת הַבְּרִית (נ"ר)
Fédération (f) des Émirats Arabes Unis	iχud ha'emi'royot ha'araviyot	אִיחוּד הָאֱמִירוּיוֹת הָעֲרָבִיוֹת (ז)
Finlande (f)	'finland	פִינלַנד (נ)
France (f)	tsarfat	צָרפַת (נ)
Géorgie (f)	'gruzya	גרוּזִיָה (נ)
Ghana (m)	'gana	גָאנָה (נ)
Grande-Bretagne (f)	bri'tanya hagdola	בּרִיטַנִיָה הַגדוֹלָה (נ)
Grèce (f)	yavan	יָוָון (נ)

100. Les pays du monde. Partie 2

Haïti (m)	ha"iti	הָאִיטִי (נ)
Hongrie (f)	hun'garya	הוּנגַריָה (נ)
Inde (f)	'hodu	הוֹדוּ (נ)
Indonésie (f)	indo'nezya	אִינדוֹנֶזיָה (נ)
Iran (m)	iran	אִירָן (נ)
Iraq (m)	irak	עִירָאק (נ)
Irlande (f)	'irland	אִירלַנד (נ)
Islande (f)	'island	אִיסלַנד (נ)
Israël (m)	yisra'el	יִשׂרָאֵל (נ)
Italie (f)	i'talya	אִיטַליָה (נ)
Jamaïque (f)	dʒa'maika	גָ'מַייקָה (נ)
Japon (m)	yapan	יַפָּן (נ)
Jordanie (f)	yarden	יַרדֵן (נ)
Kazakhstan (m)	kazaχstan	קָזַחסטָן (נ)
Kenya (m)	'kenya	קֶניָה (נ)
Kirghizistan (m)	kirgizstan	קִירגִיזסטָן (נ)
Koweït (m)	kuveit	כּוּוֵית (נ)
Laos (m)	la'os	לָאוֹס (נ)
Lettonie (f)	'latviya	לַטבִיָה (נ)
Liban (m)	levanon	לְבָנוֹן (נ)
Libye (f)	luv	לוּב (נ)
Liechtenstein (m)	liχtenʃtain	לִיכטֶנשטַיין (נ)
Lituanie (f)	'lita	לִיטָא (נ)
Luxembourg (m)	luksemburg	לוּקסֶמבּוּרג (נ)
Macédoine (f)	make'donya	מָקֶדוֹניָה (נ)
Madagascar (f)	madagaskar	מָדָגַסקָר (ז)
Malaisie (f)	ma'lezya	מָלֶזיָה (נ)
Malte (f)	'malta	מַלטָה (נ)
Maroc (m)	ma'roko	מָרוֹקוֹ (נ)
Mexique (m)	'meksiko	מֶקסִיקוֹ (נ)
Moldavie (f)	mol'davya	מוֹלדַביָה (נ)
Monaco (m)	mo'nako	מוֹנָקוֹ (נ)
Mongolie (f)	mon'golya	מוֹנגוֹליָה (נ)
Monténégro (m)	monte'negro	מוֹנטֶנֶגרוֹ (נ)
Myanmar (m)	miyanmar	מִיַאנמָר (נ)
Namibie (f)	na'mibya	נָמִיבּיָה (נ)
Népal (m)	nepal	נֶפָּאל (נ)
Norvège (f)	nor'vegya	נוֹרבֶגיָה (נ)
Nouvelle Zélande (f)	nyu 'ziland	נִיו זִילַנד (נ)
Ouzbékistan (m)	uzbekistan	אוּזבֶּקִיסטָן (נ)

101. Les pays du monde. Partie 3

Pakistan (m)	pakistan	פָּקִיסטָן (נ)
Palestine (f)	falastin	פָלַסטִין (נ)
Panamá (m)	pa'nama	פָּנָמָה (נ)

Paraguay (m)	paragvai	פָּרַגווַאי (נ)
Pays-Bas (m)	'holand	הוֹלַנד (נ)
Pérou (m)	peru	פֶּרוּ (נ)
Pologne (f)	polin	פּוֹלִין (נ)
Polynésie (f) Française	poli'nezya hatsarfatit	פּוֹלִינֶזְיָה הַצָרְפָתִית (נ)
Portugal (m)	portugal	פּוֹרטוּגָל (נ)
République (f) Dominicaine	hare'publika hadomeni'kanit	הָרֶפּוּבּלִיקָה הַדוֹמִינִיקָנִית (נ)
République (f) Sud-africaine	drom 'afrika	דרוֹם אַפרִיקָה (נ)
République (f) Tchèque	'tʃeχya	צֶ'כִיָה (נ)
Roumanie (f)	ro'manya	רוֹמַנִיָה (נ)
Russie (f)	'rusya	רוּסִיָה (נ)
Sénégal (m)	senegal	סֶנֶגָל (נ)
Serbie (f)	'serbya	סֶרבִּיָה (נ)
Slovaquie (f)	slo'vakya	סלוֹבַקִיָה (נ)
Slovénie (f)	slo'venya	סלוֹבֶנִיָה (נ)
Suède (f)	'ʃvedya	שבֶדִיָה (נ)
Suisse (f)	'ʃvaits	שווַיץ (נ)
Surinam (m)	surinam	סוּרִינָאם (נ)
Syrie (f)	'surya	סוּרִיָה (נ)
Tadjikistan (m)	tadʒikistan	טָג'יקִיסטָן (נ)
Taïwan (m)	taivan	טַייוָון (נ)
Tanzanie (f)	tan'zanya	טַנזַנִיָה (נ)
Tasmanie (f)	tas'manya	טַסמַנִיָה (נ)
Thaïlande (f)	'tailand	תָאִילַנד (נ)
Tunisie (f)	tu'nisya	טוּנִיסִיָה (נ)
Turkménistan (m)	turkmenistan	טוּרקמֶנִיסטָן (נ)
Turquie (f)	'turkiya	טוּרקִיָה (נ)
Ukraine (f)	uk'rayna	אוּקרַאִינָה (נ)
Uruguay (m)	urugvai	אוּרוּגווַאי (נ)
Vatican (m)	vatikan	וָתִיקָן (ז)
Venezuela (f)	venetsu''ela	וֶנֶצוּאֶלָה (נ)
Vietnam (m)	vyetnam	וייֶטנָאם (נ)
Zanzibar (m)	zanzibar	זַנזִיבָּר (נ)

www.ingramcontent.com/pod-product-compliance
Lightning Source LLC
Chambersburg PA
CBHW070824050426
42452CB00011B/2173
* 9 7 8 1 7 8 7 1 6 4 1 5 4 *